课题名称：信息化时代小学英语教育现状与教学模式探究

课题编号：KJCX18409

英语教学策略与教学资源研究

邵慧 著

天津出版传媒集团
天津科学技术出版社

图书在版编目（CIP）数据

英语教学策略与教学资源研究 / 邵慧著. -- 天津 : 天津科学技术出版社, 2024. 8. -- ISBN 978-7-5742-2396-7

Ⅰ. G623.312

中国国家版本馆 CIP 数据核字第 2024N9C645 号

英语教学策略与教学资源研究

YINGYU JIAOXUE CELÜE YU JIAOXUE ZIYUAN YANJIU

责任编辑：刘　鸫

责任印制：兰　毅

出　　版：天津出版传媒集团
天津科学技术出版社

地　　址：天津市和平区西康路35号

邮　　编：300051

电　　话：（022）23332377

网　　址：www.tjkjcbs.com.cn

发　　行：新华书店经销

印　　刷：河北万卷印刷有限公司

开本 710×1000　1/16　印张 14　字数 213 000

2024年8月第1版第1次印刷

定价：88.00元

前言

随着社会的快速发展和经济全球化的推进，英语已经成为国际交往的重要语言。从某种程度上说，对英语的掌握程度会影响到国家的竞争力和个人的发展机会。在此背景下，英语教育越来越受到人们的重视。针对英语教育，如何选择适当的教学策略和有效利用教学资源，来提高学生的学习效果和兴趣，是每位教育者和研究者关注的问题。

随着信息时代的到来，英语教育的教学资源日渐丰富。多媒体、网络资源、各类学习软件的出现为教学提供了多种可能。同时，面对如此丰富的资源，如何进行筛选，确保所用资源真正适合学生的学习特点和需要，也成了教育者和研究者面临的挑战。

本书立足英语教学策略与教学资源展开探讨，旨在为英语教师和相关研究者提供有价值的参考。

全书共六章。第一章为英语教学概述，从英语教学的目标出发，解读英语教学的重要性，并探讨了英语教学的特点、原则、基本课型以及各种教学理论等内容，帮助教育者更好地理解和掌握英语教学的核心。第二章为英语教师的基本技能，包括备课、上课、说课、听课、评课以及教学反思。第三章针对英语教学备课策略进行深入分析。从备课的意义与要求，到备课的内容、方法与流程，再到备课成果“教案”的详细介绍，为教师提供了一个系统而全面的备课指南。第四章为英语教学授课策略，深入剖析了各种创新的英语教学授课策略，包括音乐教学法、艺术教学法、游戏教学法及戏剧教学法。第五章为英语教学资源的类型与设计，在介绍了英语教学资源类型的基础上，详细分析了各种类型资源的设计原则、流程、重点。第六章为英语课程资源的开发与整合，深入探讨了英语课程资源的开发、利用、整合以及英语课程资源库的建设。

笔者在撰写本书的过程中参考了大量国内外资料和研究成果，在此表示感谢。由于笔者水平有限，书中难免存在一些不足之处，敬请读者批评指正，以便不断改进和完善。

目录

第一章　英语教学概述

第一节　英语教学的目标

经济全球化给全球文化、科技、教育等多个领域的交流带来了影响。在此背景下，英语作为一门世界通用语言，应用范围非常广泛。中国的英语学习者数量在世界上遥遥领先，这不仅因为中国人口众多，还因为中国人民认识到了英语的重要性，以及在经济全球化时代，掌握一门通用语言的必要性。在中国，英语教学从小学开始一直到大学。下面本书分别对义务教育阶段、普通高中阶段、中等职业教育阶段、高等职业教育阶段、大学阶段的英语教学的目标进行介绍。

一、义务教育阶段英语教学的目标

《义务教育英语课程标准（2022 年版）》对课程目标的规定如下。

（一）总目标

学生应通过英语课程的学习，达到如下目标。

（1）发展语言能力。能够在感知、体验、积累和运用等语言实践活动中，认识英语与汉语的异同，逐步形成语言意识，积累语言经验，进行有意义的沟通与交流。

（2）培育文化意识。能够了解不同国家的优秀文明成果，比较中外文化的异同，发展跨文化沟通与交流的能力，形成健康向上的审美情趣和正确的价值观；加深对中华文化的理解和认同，树立国际视野，坚定文化自信。

（3）提升思维品质。能够在语言学习中发展思维，在思维发展中推进语言学习；初步从多角度观察和认识世界、看待事物，有理有据、有条理地表达观点；逐步发展逻辑思维、辩证思维和创新思维，使思维体现一定的敏捷性、灵活性、创造性、批判性和深刻性。

（4）提高学习能力。能够树立正确的英语学习目标，保持学习兴趣，主动参与语言实践活动；在学习中注意倾听、乐于交流、大胆尝试；学会自主探究，合作互助；学会反思和评价学习进展，调整学习方式；学会自我管理，提高学习效率，做到乐学善学。

（二）学段目标

学段目标是对本学段结束时学生学习本课程应达到的学业成就的预设或期待，是总目标在各学段的具体化。义务教育英语课程分为三个学段，各学段目标设有相应的级别，即一级建议为 3 ～ 4 年级学段应达到的目标，二级建议为 5 ～ 6 年级学段应达到的目标，三级建议为 7 ～ 9 年级学段应达到的目标。各学段目标之间具有连续性、顺序性和进阶性。基于核心素养四个方面（语言能力、文化意识、思维品质、学习能力）的英语课程学段目标如表 1–1 至表 1–4 所示。

表 1-1　基础教育阶段英语教学的语言能力学段目标

表现	3～4 年级 / 一级	5～6 年级 / 二级	7～9 年级 / 三级
感知与积累	能感知单词、短语及简单句的重音和升降调等；能有意识地通过模仿学习发音；能大声跟读音视频材料；能感知语言信息；积累表达个人喜好和个人基本信息的简单句式；能理解基本的日常问候、感谢和请求用语，听懂日常指令等；能借助图片读懂语言简单的小故事，理解基本信息；能正确书写字母、单词和句子。	能领悟基本语调表达的意义；能理解常见词语的意思，理解基本句式和常用时态表达的意义；能通过听，理解询问个人信息的基本表达方式；能听懂日常学习和生活中简单的指令、对话、独白和小故事等；能理解日常生活中用所学语言直接传递的交际意图；能读懂语言简单、主题相关的简短语篇，获取具体信息，理解主要内容。	能识别不同语调与节奏等语音特征所表达的意义；能听懂发音清晰、语速较慢的简短口头表达，获取关键信息；积累日常生活中常用的习惯用语和交流信息的基本表达方式；积累常用的词语搭配；了解句子的结构特征，如句子种类、成分、语序及主谓一致；在收听、观看主题相关、语速较慢的广播影视节目时，能识别其主题，归纳主要信息；能读懂语言简单、主题相关的简短语篇，提取并归纳关键信息，理解隐含意义。
习得与建构	在听或看发音清晰、语速较慢、用词简单的音视频材料时，能识别有关个人、家庭，以及熟悉事物的图片或实物、单词、短语；能根据简单指令做出反应；体会英语发音与汉语发音的不同；能借助语音、语调、手势、表情等判断说话者的情绪和态度；能在语境中理解简单句的表意功能。	在听或看发音清晰、语速适中、句式简单的音视频材料时，能获取有关人物、时间、地点、事件等基本信息；能识别常见语篇类型及其结构；能理解交流个人喜好、情感的表达方式；能根据图片，口头描述其中的人或事物；能关注生活中或媒体上的语言使用。	能在听、读、看的过程中，围绕语篇内容记录重点信息，整体理解和简要概括主要内容；能根据听到或读到的关键词对人物、地点、事件等进行推断；能根据读音规则和音标拼读单词；能归纳学过的语法规则；能辨识和分析常见句式的结构特征；能分析和梳理常见书面语篇的基本结构特征；能用简单的连接词建立语义联系。

续 表

表现	3～4年级／一级	5～6年级／二级	7～9年级／三级
表达与交流	能图绕相关主题，运用所学语言，进行简单的交流，介绍自己和身边熟悉的人或事物，表达情感和喜好等语言达意；在书面表达中，能根据图片或语境，仿写简单的句子。	能围绕相关主题，运用所学语言，与他人进行简单的交流，表演小故事或短剧，语音、语调基本正确；在书面表达中，能围绕图片内容或模仿范文，写出几句意思连贯的话。	能围绕相关主题，运用所学语言，与他人进行日常交流，语音、语调、用词基本正确，表达比较连贯；在书面表达中，能选用不同句式结构和时态，描述和介绍身边的人、事物或事件，表达情感、态度、观点和意图等。

表 1-2　基础教育阶段英语教学的文化意识学段目标

表现	3～4年级／一级	5～6年级／二级	7～9年级／三级
比较与判断	有主动了解中外文化的愿望；能在教师指导下，通过图片、配图故事、歌曲、韵文等获取简单的中外文化信息；观察、辨识中外典型文化标志物、饮食及重大节日；能用简单的单词、短语和句子描述与中外文化有关的图片和熟悉的具体事物；初步具有观察、识别、比较中外文化的意识。	对学习、探索中外文化有兴趣，能在教师引导下，通过故事、介绍、对话、动画等获取中外文化的简单信息；感知与体验文化多样性，能在理解的基础上进行初步的比较；能用简短的句子描述所学的与中外文化有关的具体事物；初步具有观察、识别、比较中外文化异同的能力。	能初步理解人类命运共同体和全人类共同价值的概念；能通过简短语篇获取、归纳中外文化信息，认识 不同文化，尊重文化的多样性和差异性，并在理解和比较的基础上做出自己的判断；能用所学语言描述文化现象与文化差异，表达自己的价值取向，认同中华文化；树立国际视野，具有比较、判断文化异同的基本能力。

续 表

表现	3～4年级/一级	5～6年级/二级	7～9年级/三级
调适与沟通	有与人交流沟通的愿望；能大方地与人接触，主动问候；能在教师指导下，学习和感知人际交往中英语独特的表达方式；能理解基本的问候、感谢用语，并做出简单回应。	对开展跨文化沟通与交流有兴趣；能与他人友好相处；能在教师引导下，了解不同文化背景下人们待人接物的礼仪；能注意到跨文化沟通与交流中彼此的文化差异；能在人际交往中，尝试理解对方的感受，知道应当规避的谈话内容，适当调整表达方式，体现出礼貌、得体与友善。	能认识到有效开展跨文化沟通与交流的重要性；对具有文化多样性的活动和事物持开放心态；了解不同国家人们待人接物的基本礼仪、礼貌和交际方式；能初步了解英语的语用特征，选择恰当的交际策略；能意识到错误并进行适当的纠正；在人际交往中，学会处理面对陌生文化可能产生的焦虑情绪，增强跨文化沟通与交流的自信心；初步具备用所学英语进行跨文化沟通与交流的能力。
感悟与内化	有观察、感知真善美的愿望；明白自己的身份，热爱自己的国家和文化；能在教师指导下，感知英语歌曲、韵文的音韵节奏；能识别图片、短文中体现中外文化和正确价值观的具体现象与事物；具有国家认同感，对中华优秀传统文化感到骄傲。	对了解中外文化有兴趣；能在教师引导下，尝试欣赏英语歌曲、韵文的音韵节奏；能理解与中外优秀文化有关的图片、短文，发现和感悟其中蕴含的人生哲理；有将语言学习与做人、做事相结合的意识和行动；体现爱国主义情怀和文化自信。	能理解与感悟中外优秀文化的内涵；领会所学简短语篇蕴含的人文精神、科学精神和劳动价值，感悟诚实、友善等中外社会生活中的传统美德；能自尊自爱，正确认识自我，关爱他人，尊重他人，有社会责任感；能欣赏、鉴别美好事物，形成健康的审美情趣；具有国家认同感和文化自信，有正确的价值观和积极向上的情感态度；有自信自强的良好品格，做到内化于心、外化于行。

表 1-3　基础教育阶段英语教学的思维品质学段目标

表现	3～4 年级 / 一级	5～6 年级 / 二级	7～9 年级 / 三级
观察与辨析	能通过对图片、具体现象和事物的观察获取信息，了解不同事物的特点，辅助对语篇意义的理解；能注意到不同的人看待问题是有差异的；能从不同角度观察周围的人与事。	能对获取的语篇信息进行简单的分类和对比，加深对语篇意义的理解；能比较语篇中的人物、行为、事物或观点间的相似性和差异性，并做出正确的价值判断；能从不同角度辩证地看待事物，学会换位思考。	能发现语篇中事件的发展和变化，辨识信息之间的相关性，把握语篇的整体意义；能辨识语篇中的衔接手段，判断句子之间、段落之间的逻辑关系；能发现同类型语篇的相似之处和不同类型语篇的结构特征；能多角度、辩证地看待事物和分析问题。
归纳与推断	能根据图片或关键词，归纳语篇的重要信息；能就语篇信息或观点初步形成自己的想法和意见；能根据标题、图片、语篇信息或个人经验等进行预测。	能识别、提炼、概括语篇的关键信息、主要内容、主题意义和观点；能就语篇的主题意义和观点做出正确的理解和判断；能根据语篇推断作者的态度和观点。	能提取、整理、概括稍长语篇的关键信息、主要内容、思想和观点，判断各种信息的异同和关联；能根据语篇推断人物的心理、行为动机等，推断信息之间简单的逻辑关系；能从不同角度解读语篇，推断语篇的深层含义，做出正确的价值判断。
批判与创新	能根据个人经历对语篇内容、人物或事件等表达自己的喜恶；初步具有问题意识，知晓一问可有多解。	能就作者的观点或意图发表看法，说明理由，交流感受；能对语篇内容进行简单的续编或改编等；具有问题意识，能初步进行独立思考。	能针对语篇的内容或观点进行合理质疑；能依据不同信息进行独立思考，评价语篇的内容和作者的观点，说明理由；能根据语 篇内容或所给条件进行改编或创编。

表 1-4　基础教育阶段英语教学的学习能力学段目标

表现	3～4年级／一级	5～6年级／二级	7～9年级／三级
乐学与善学	对英语学习感兴趣、有积极性；喜欢和别人用英语交流；乐于学习和模仿；注意倾听，敢于表达，不怕出错；乐于参与课堂活动，遇到困难能大胆求助。	对英语学习有较浓厚的兴趣和自信心；能积极参与课堂活动，注意倾听，大胆尝试用英语进行交流；乐于参与英语实践活动，遇到问题积极请教，不畏困难。	对英语学习有持续的兴趣和较为明确的学习需求与目标；有积极主动的学习态度和较强的自信心；能主动参与课内外各种英语实践活动，注意倾听，积极使用英语进行交流，遇到问题主动请教，勇于克服困难；主动学习并积极使用现代信息技术，具备初步的信息素养。
选择与调整	能在教师帮助和指导下，制订简单的英语学习计划；能意识到自己英语学习中的进步与不足，并做出适当调整；能尝试借助多种渠道学习英语。	能在教师指导下，制订并完成简单的英语学习计划，及时预习和复习所学内容；能了解自己英语学习中的进步与不足；能在教师指导下，初步找到适合自己的英语学习方法；尝试根据学习进展调整学习计划和策略；能借助多种渠道或资源学习英语。	能制订明确的英语学习目标和计划，合理安排学习任务，主动预习和复习；能整理、归纳所学内容，把握重点和难点；能主动反思自己英语学习中的进步与不足，根据问题查找原因并加以解决；能找到适合自己的英语学习方法；能根据学习目标和进展合理调整学习计划和策略；能借助不同的数字资源或平台学习英语。
合作与探究	能在学习活动中尝试与他人合作，共同完成学习任务；能在学习过程中积极思考，发现并尝试解决语言学习中的问题。	能在学习活动中与他人合作，共同完成学习任务；能在学习过程中认真思考，主动探究，尝试通过多种方式发现并解决语言学习中的问题。	能在学习活动中积极与他人合作，共同完成学习任务；能在学习过程中积极思考，主动探究，发现并尝试使用多种策略解决语言学习中的问题，积极进行拓展性运用。

“五四”学制3 ~ 5年级目标主要参照“六三”学制5～6年级目标确定，适当降低要求。“五四”学制6～7年级目标在“六三”学制5～6年级目标基础上合理提高要求，并结合“六三”学制7～9年级目标确定，使“五四”学制6～9年级目标进阶更加科学。

二、普通高中阶段的英语教学的目标

《普通高中英语课程标准》(2017年版2020年修订)对课程目标的规定如下。

普通高中英语课程的总目标是全面贯彻党的教育方针，培育和践行社会主义核心价值观，落实立德树人根本任务，在义务教育的基础上，进一步促进学生英语学科核心素养的发展，培养具有中国情怀、国际视野和跨文化沟通能力的社会主义建设者和接班人。基于课程的总目标，普通高中英语课程的具体目标是培养和发展学生在接受高中英语教育后应具备的语言能力、文化意识、思维品质、学习能力等学科核心素养。通过本课程的学习，学生应能达到本学段英语课程标准所设定的四项学科核心素养的发展目标。

语言能力目标：具有一定的语言意识和英语语感，在常见的具体语境中整合性地运用已有语言知识，理解口头和书面语篇所表达的意义，识别其恰当表意所采用的手段，有效地使用口语和书面语表达意义和进行人际交流。

文化意识目标：获得文化知识，理解文化内涵，比较文化异同，汲取文化精华，形成正确的价值观，坚定文化自信，形成自尊、自信、自强的良好品格，具备一定的跨文化沟通和传播中华文化的能力。

思维品质目标：能辨析语言和文化中的具体现象，梳理、概括信息，建构新概念，分析、推断信息的逻辑关系，正确评判各种思想观点，创造性地表达自己的观点，具备多元思维的意识和创新思维的能力。

学习能力目标：树立正确的英语学习观，保持对英语学习的兴趣，具有明确的学习目标，能够多渠道获取英语学习资源，有效规划学习时间和学习任务，选择恰当的策略与方法，监控、评价、反思和调整自己的学习内容和进程，逐步提高使用英语学习其他学科知识的意识和能力。

三、中等职业教育阶段的英语教学的目标

《中等职业学校英语课程标准》(2020年版)对课程目标的规定如下。

中等职业学校英语课程的目标是全面贯彻党的教育方针，落实立德树人根本任务，在义务教育的基础上，进一步激发学生英语学习的兴趣，帮助学生掌握基础知识和基本技能，发展英语学科核心素养，为学生的职业生涯、继续学习和终身发展奠定基础。

职场语言沟通目标：在日常英语的基础上，围绕职场相关主题，能运用所学语言知识，理解不同类型语篇所传递的意义和情感；能以口头或书面形式进行基本的沟通；能在职场中综合运用语言知识和技能进行交流。

思维差异感知目标：能理解英语在表达方式上体现出的中西思维差异；能理解英语在逻辑论证上体现出的中西思维差异；在了解中西思维差异的基础上，能客观对待不同观点，做出正确价值判断。

跨文化理解目标：能了解世界文化的多样性；能了解中外文化及中外企业文化；能进行基本的跨文化交流；能用英语讲述中国故事，促进中华优秀文化传播。

自主学习目标：能树立正确的英语学习观，具有明确的学习目标；能多渠道获取英语学习资源；能有效规划个人的学习，选择恰当的学习策略和方法；能监控、评价、反思和调整自己的学习内容和进程，提高学习效率。

四、高等职业教育阶段的英语教学的目标

《高等职业教育专科英语课程标准》(2021年版)对课程目标的规定如下。

高等职业教育专科英语课程的目标是全面贯彻党的教育方针，培育和践行社会主义核心价值观，落实立德树人根本任务，在中等职业学校和普通高中教育的基础上，进一步促进学生英语学科核心素养的发展，培养具有中国情怀、国际视野，能够在日常生活和职场中用英语进行有效沟通的高素质技术技能人才。通过本课程学习，学生应该能够达到课程标准所设定的四项学科核心素养的发展目标。

职场涉外沟通目标：掌握必要的英语语音、词汇、语法、语篇和语用知识，具备必要的英语听、说、读、看、写、译技能，能够识别、运用恰当的体态语言和多媒体手段，根据语境运用合适的策略，理解和表达口头和书面话语的意义，有效完成日常生活和职场情境中的沟通任务。在沟通中善于倾听与协商，尊重他人，具有同理心与同情心；践行爱国、敬业、诚信、友善等价值观。

多元文化交流目标：能够通过英语学习获得多元文化知识，理解文化内涵，汲取文化精华，树立中华民族共同体意识和人类命运共同体意识，形成正确的世界观、人生观、价值观；通过文化比较加深对中华文化的理解，继承中华优秀文化，增强文化自信；坚持中国立场，具有国际视野，能用英语讲述中国故事、传播中华文化；掌握必要的跨文化知识，具备跨文化技能，秉持平等、包容、开放的态度，能够有效完成跨文化沟通任务。

语言思维提升目标：通过分析英语口头和书面话语，能够辨析语言和文化中的具体现象，了解抽象与概括、分析与综合、比较与分类等思维方法，辨别中英两种语言思维方式的异同，具有一定的逻辑、思辨和创新思维水平。锤炼尊重事实、谨慎判断、公正评价、善于探究的思维品格。

自主学习完善目标：认识英语学习的意义，树立正确的英语学习观，具有明确的英语学习目标，能够有效规划学习时间和学习任务，运用恰当的英语学习策略，制订学习计划、选择学习资源、监控学习过程、评价学习效果。能根据升学、就业等需要，采取恰当的方式方法，运用英语进行终身学习。

五、大学阶段的英语教学的目标

《大学英语课程教学要求》（2007 年版）对课程目标的规定如下。

大学英语教学是高等教育的一个有机组成部分，大学英语课程是大学生的一门必修的基础课程。大学英语是以外语教学理论为指导，以英语语言知识与应用技能、跨文化交际和学习策略为主要内容，并集多种教学模式和教学手段为一体的教学体系。

大学英语的教学目标是培养学生的英语综合应用能力，特别是听说能力，使他们在今后学习、工作和社会交往中能用英语有效地进行交际，同时增强其自主学习能力，提高综合文化素养，以适应我国社会发展和国际交流的需要。

第二节　英语教学的特点与原则

一、英语教学的特点

英语教学的特点如图 1-1 所示。

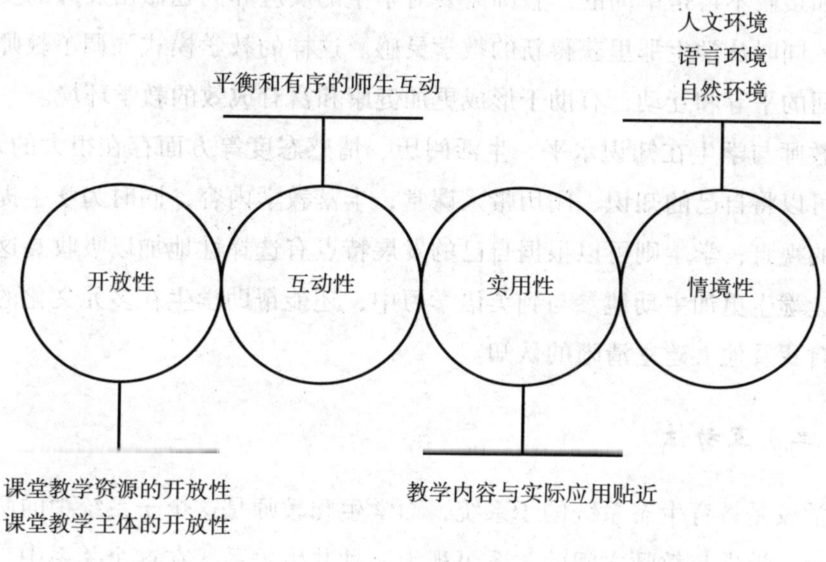

图 1-1　英语教学的特点

（一）开放性

英语课堂教学具有开放性，这种开放性主要体现在两个方面：课堂教学资源的开放性和课堂教学主体的开放性。

1. 课堂教学资源的开放性

课堂教学资源不仅局限于教材和教辅资料，还包括取自学生在课外现实生活中的各种元素。例如，一首英文歌曲或一段流行的电影对白都有可能成为有价值的教学资源。这种跨界的资源选择能让学生更容易地将课堂所学与日常生活联系起来，进而更加积极地参与到英语学习中。这样的教学资源是经过精心筛选的，其中的选择依据往往基于师生之间的知识交流和情感传递。教师不仅需要掌握教学内容，还需要了解学生的兴趣和需求，以便更准确地选择能引起学生兴趣和参与度的教学资源。

2. 课堂教学主体的开放性

在传统教育模式下，教师是知识的传递者，而学生则是被动的接受者。而在开放性的英语课堂上，教师与学生之间会进行持续的互动交流，信息的传递和接收不再是单向的。教师需要对学生的反应和问题做出及时的反馈和调整，同时从学生那里获得新的教学灵感。这样的教学模式强调了教师与学生之间的平等和互动，有助于形成更加健康和富有成效的教学环境。

教师与学生在知识水平、生活阅历、情感态度等方面存在很大的差异。教师可以将自己的知识、阅历带入课堂，丰富教学内容，同时为学生提供更广阔的视野；学生则可以根据自己的发展特点有选择性地加以吸收。这样不仅能让学生更加主动地参与到英语学习中，还能帮助学生在多元文化的环境中对自我及他人建立清晰的认知。

（二）互动性

学校是教育生态系统的子系统，而学生和教师是这个子系统中的两个主要因子。学生与教师之间的关系可视为一种共生关系。在这个关系中，学生需要教师传授知识和技能，而教师则需要学生的反馈和成长来实现自己教育目标的完成。这种共生关系并非单方面的，而是双向的。教师传递给学生知识和技能，学生通过提问、讨论或者是反馈的方式将信息传递给教师，双方之间也会有情感和价值观的交流。这种双向的信息流动为教育过程提供了动力，使其更加活跃和高效。

平衡和有序的师生互动对于保持这种共生关系至关重要。如果这种互动被打破，那么教育生态系统中的平衡就会被破坏，这将对学生、教师乃至整个学校的发展造成不良影响。在一个不断变化和发展的环境中，寻找这个平衡点是一个持续不断的过程。教师需要不断提高自己的教学水平和理论水平，以适应不断变化的教育环境和学生需求。当教师和学生能够有效地发挥各自的角色并保持相对的平衡和有序时，他们就能共同促进学校乃至整个教育生态系统的和谐发展。同时，学生的成绩和发展既能给自己带来满足，也能体现出教师的价值，成为教师进一步提升自己的动力和鼓励。

基于以上分析，在英语生态教学中，教师和学生之间是一种相互依存、共同发展的关系。

（三）实用性

学习英语是为了应用英语，同时，趣味性可以增加学生的学习兴趣，因此，教学需兼具实用性和趣味性，以便吸引学生的注意力，激发他们的学习兴趣。一种有效的方法是将教学内容与学生生活联系起来。这样做不仅有助于学生更好地理解教学内容，还能让学生在生活情境中找到学习的价值和意义，进而更容易产生成就感和学习兴趣。例如，教学材料可以包括日常生活中的常见物品词汇、常见活动和场景中的惯用表达，这样可以让学生更容易记忆和理解这些词汇和表达方式。在较高年级的英语教学中，除生活化的教学外，实用性还表现为与职业联系紧密、专业性强。比如，在中职、高职的英语教学中，学生的英语学习与职业关系密切。

（四）情境性

课堂教学环境不仅是教育活动发生的物理空间，还是影响学生学习和教师教学效果的重要因素。通常来说，课堂教学环境包括人文环境、语言环境和自然环境三大方面。

1. 人文环境

人文环境主要涉及教师与学生之间的情感交流和互动氛围。这是一种隐性环境。教师在情感交流和氛围营造方面需要起到主导作用。倡导师生之间的平等交流是这个方面的一个核心要点。除了传统的教学方式，游戏、歌曲、表演和小组合作等多元化教学手段能够让学生更容易融入课堂，打开心灵，从而更有效地掌握英语知识。

2. 语言环境

语言和认知是相互促进的。一个丰富、具体和生动的语言环境不仅能够促进学生语言能力的发展，而且有助于学生认知结构的形成和优化。在中国，由于缺乏现成的英语环境，教师的角色尤为重要。教师不仅要引导学生了解和掌握语法规则、词汇和句型，还要设计真实的语言交流活动，使学生在运用语言的过程中能够更好地学习和掌握语言。对此，教师应充分利用和开发幻灯片、投影仪等多媒体教学手段。例如，通过观看一段描述家庭生活的英语短片，学生不仅能够听到真实的语言表达，还能通过视觉元素理解场景、情境和文化背景，进而在具体的情境中把英语学得更加透彻。除了多媒体教学手段，教师还可以通过角色扮演、小组讨论、故事演绎等方法来激发学生的参与热情。这些活动不仅有助于语言实践，而且能有效促进学生在具体情境下的认知发展。

3. 自然环境

课堂教学的自然环境涉及教学物品和工具的展示方式，这些看似细小的元素实际上对于教学效果和学生参与度有着很大的影响。

桌椅的摆放方式会影响教师和学生之间的交流。传统的课堂布局常常是教师站在讲台上，学生坐在下面的课桌椅上。这种布局有时会让学生感觉到教师是高高在上的，自己则是被动的接受者。为了拉近师生之间的距离并增加人员之间互动，教师可以考虑更加开放的桌椅摆放方式。例如，将课桌椅摆成半圆形，或者让学生分组围坐成小圈，这样可以使学生更容易与教师及同学进行交流。

教室的装饰也是自然环境的一部分。墙面上的英语张贴画和装饰应当取材于真实的生活场景，这样能够使学生更容易理解和记忆。对于低年级的学生来说，在教学过程中，教师可以让学生自己绘制和生活场景相关的图画，然后将这些图画张贴在教室墙面上，这样一来，不仅装饰了教室，还能加深学生对英语的记忆。

二、英语教学的原则

为了获得更好的教学效果，英语教学应遵循以下原则。

（一）整体性原则

整体性原则包括理论层面的整体性和实践层面的整体性两方面。

1.理论层面的整体性

理论层面的整体性有两层含义。

第一，在英语课堂教学系统中，教学主体、学习主体、课堂教学环境以及它们之间的相互关系，共同构成一个有机的整体。学生的主体地位是该系统中非常关键的因素。英语课堂教学不应该只专注于语言知识的传递，而应该将学生视为一个完整的生命体。教学方法的选择和使用，不仅要满足学生掌握英语基础知识的需求，还要关注他们在情感、社会能力和思维方式等多方面的成长。即英语教学应当注重学生的全面发展。

第二，在英语课堂教学系统中，教师与学生也构成了一个统一的有机整体。教师作为教学的实施者，处于该系统的主导地位，需要负责教学内容的设计、教学方法的选择及课堂管理等各个方面。这与英语课堂教学以学生为中心的教学理念并不矛盾。

事实上，学生的全面发展始终应该是教师关注的内容。教师不仅需要了解学生的个体性差异，例如他们的学习风格、兴趣爱好，以及潜在的学习障碍等，还需要尊重学生的身心发展规律。例如，低年级学生的注意力集中时间相对较短，因此教师需要设计一些活动性较强的教学环节，以保持学生的注意力。同时，教师需要鼓励学生积极参与课堂活动，形成积极的学习态度和高昂的学习热情。这样的教学方式不仅有利于英语课堂教学质量的提升，而且会影响教师的教学态度与教学能力的展现。当教师看到学生能够积极参与，学习效果良好，自然会对自己的教学产生信心，而这将激励教师不断提升自己的教学能力。因此，英语课堂教学系统的师生关系是实现师生间共生的前提。

2. 实践层面的整体性

在实践中，英语课堂教学是一个多层次、多维度的活动，包括语言知识教学和语言技能教学两大部分。它们紧密相连，共同构成了英语课堂教学这个统一的有机整体。具体来说，当学生在课堂上阅读一篇文章时，他们可以根据自己的需求和目标选择不同的阅读方式，如精读或略读。文章本身由词汇和语法构成，但这并不意味着学生必须理解每一个单词和句子结构。有时候，从整体上感知文章、理解其大致意义和情感色彩是更为重要的。如果将一篇文章割裂成单词、短语或单句等独立元素进行教学，可能会破坏文章的整体语境，甚至改变其原有的意义和情感。这种教学方式往往忽视了语境对于语言理解和使用的重要性，也不利于学生英语基础知识的全面习得。

（二）融合性原则

语言和文化是同一的。在英语课堂教学中，文化主要涉及母语文化和英语文化。英国人类学家爱德华·伯内特·泰勒（Edward Burnett Tylor）认为，在民族学的框架内，文化是由知识、信仰、艺术、道德、法律、习俗以及作为一个社会成员的人所习得的其他一切能力和习惯组成的一个整体。[①]

融合性原则在英语教学中起着至关重要的作用，它重视文化的导入和渗透，强调将语言教学与文化教学相结合。学生对文化的了解有助于他们更好地掌握英语知识。例如，在学习如何用英语表达西方节假日或传统食物时，了解西方文化背后的历史和传统，会让学生更容易记住和使用相关词汇和表达方式。同时，这种对文化的了解能让学生更好地理解语境，更准确地运用英语进行交流。

文化导入的方法如图 1-2 所示。

① 泰勒．原始文化[M]．蔡江浓，译．杭州：浙江人民出版社，1988：1.

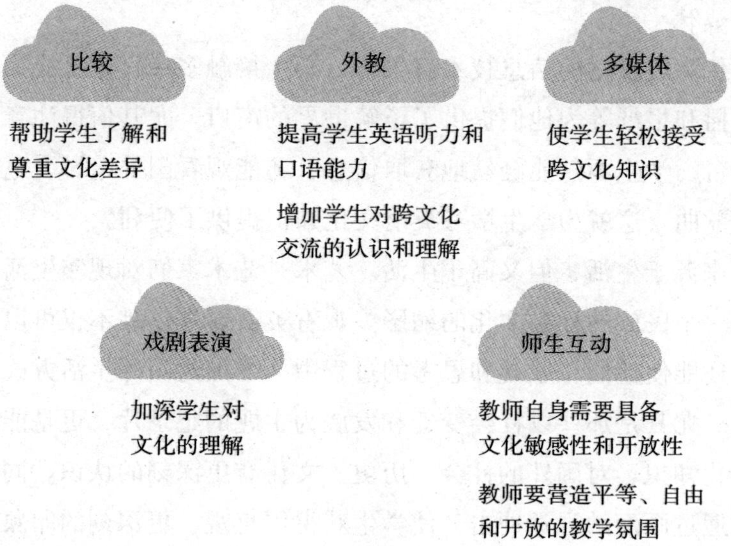

图 1-2　文化导入的方法

1. 比较

通过比较母语文化和英语文化，学生不仅能更加深刻地认识两种文化的特点和价值，还能提高文化敏感性。这种比较方法在跨文化交际中尤为重要，因为它能帮助学生了解和尊重文化差异，从而减少或避免因文化差异而引发的交际冲突。比如，对于中国人来说，询问别人的行程和年龄可能是日常社交的一部分，但在西方文化中，这一般被认为是侵犯隐私。

2. 外教

外教在英语教学中扮演了不可或缺的角色。外教人员独特的教学方式和异域文化背景能够为学生提供与众不同的学习体验，激发学生学习英语的兴趣，增加学生对跨文化交流的认识和理解。无论在课堂内还是在课堂外，外教作为异域文化的代表，可以很自然地吸引学生的好奇心。这种好奇心会推动学生与外教人员进行更多的交流，从而学会更加自信地使用英语进行口头表达。除了日常教学，学校还可以组织外教参与学校组织的英语角活动。这样的活动能为学生提供一个纯正的英语环境，使他们能够在实际对话中运用所学知识，提高英语听力和口语能力。

3. 多媒体

在当代高度发达的信息技术背景下，学生接触多种媒体已成为常态。互联网、广播和报纸等为他们提供了了解世界的窗口。尤其值得注意的是，通过这些平台，学生不仅能轻易地获取信息，还能观看国外电影、电视剧以及欣赏英文歌曲。这就为学生学习英语文化知识提供了便利。

艺术来源于生活，但又高于生活。艺术是艺术家们对现实生活的思考和反映，是一个民族的社会文化的缩影。观看英文影视作品不仅可以让学生放松心情，还能使他们在欣赏和思考的过程中，增加对国外生活方式、风俗人情的了解。尤其是那些以社会变迁和发展为主题的纪录片，更是能够帮助学生增长文化知识，对国外的社会、历史、文化有更深刻的认识。同时，影视作品能够通过画面的视觉冲击，使学生获得更直观、更深刻的印象。这样一来，学生在放松心情的同时，也能够学到外国文化知识。

此外，教师可以通过使用耳熟能详的英文歌曲，对学生进行跨文化教育。这不仅可以激发学生的兴趣，集中他们的注意力，还可以创造出一个轻松愉悦的教学氛围。在这种氛围下，学生更容易接受新的知识，跨文化教育的效果也就会更好。

4. 戏剧表演

戏剧表演特别适合用来学习文化知识，因为它是一种包含多元文化元素的艺术形式。教师可以挑选一些优秀但传播度不高的英文书籍，这样学生在参与表演的过程中，不仅能提高英语水平，还能了解一些文化信息。教师可以选定书中与文化密切相关的章节或情节，编排成微型剧。在参与戏剧的过程中，学生可能会产生一些文化误读，而这样的误读往往能成为反思和学习的契机。教师可以引导学生通过调查和反思，找出误读背后的原因，从而帮助学生加深对文化的理解。除此之外，教师还可以利用组织参观文化展览、举办英语文化主题讲座等形式进行文化导入。

5. 师生互动

教学是一种双向行为，而文化导入应该回归到教学的本质上。

一方面，为了培养学生正确的文化心态，教师自身需要具备文化敏感性和开放性。另一方面，教师要营造平等、自由和开放的教学氛围，把自己从

“知识的唯一传递者”转变为“学习过程中的合作伙伴”。在课堂互动过程中，教师和学生可以分别扮演不同文化中的角色，通过模拟实际情境，让学生更直观地体验和理解外来文化。

（三）平衡性原则

英语教学的平衡性原则，指的是教学系统中的各个构成部分，在一定条件下会保持一种相对稳定的状态，当外部因素或内部环境发生变化时，系统的平衡就会被打破，进入不平衡状态，而教学系统具有一定的调节能力，能够对系统的各个部分进行调整，以适应新的情况。英语课堂教学系统的这种从平衡到不平衡再到新平衡的过程，是一个动态发展的过程。

英语教学的平衡性原则体现为课堂教学与外部环境之间的平衡。

一方面，为了提升英语教学的教学质量与效率，学校应该为其配备先进的设备，如电子白板、计算机、投影仪等。这些设备不仅可以支持多媒体教学，使课堂更加生动和具体，还可以方便教师和学生进行信息检索和分享。然而，设备只是教学过程中的工具，最终能否达到良好的教学效果，还需要看教师的教学能力和学生的配合情况。因此，开展对英语教师的培训成为另一重要的方面。学校需要定期组织在职教师外出学习，订阅英文期刊，以及开展英语沙龙活动，来提高教师群体的整体教学能力和素养。英语教学的有序开展是以和谐的教学环境为前提的，如果教学环境不平衡，那么学生的学习需求也就无法得到满足。

学生群体是不断发展和变化的，包括他们的知识储备、认知水平、情感态度和价值观。这就要求教师能够根据学生的现有状态来调整教学目标和方法，以保证教学系统能够保持一个相对稳定的状态。

（四）可持续发展原则

可持续发展原则具有多层次、多维度的特点，包含人与自然的关系、人与社会的关系、人与人的关系。对英语教学而言，可持续发展原则至关重要。

在英语教学中，可持续发展原则主要体现在以下两方面。

一方面，“授之以渔”是一种深刻的教学理念，强调赋予学生独立思考和解决问题的能力，而不仅仅是灌输知识和技能。在英语课堂上，这种理念具体表现为教师不仅要传授语言知识，还要教会学生如何有效学习。这样，学生不仅能在短期内掌握所需的英语知识，而且能够形成语言学习能力。另一方面，除了英语综合能力的发展，学生心理的成长和人格的塑造也是不容忽视的方面。教师应该关注学生的自信、合作与解决问题的能力，以及与他人沟通和合作的社交技巧。这些“软技能”在学生未来的工作和生活中同样非常重要。

在教学系统内，教师、学生和教学环境是相互依存、相互作用的重要组成部分，三者缺一不可。教师不仅是知识和技能的传播者，还是学生学习的引导者和促进者；学生不仅是知识和技能的接受者，还应成为积极参与者和贡献者；教学环境应是支持和促进学习的场所，而不仅仅是物理空间。其中任何一个组成部分的发展都不能以牺牲其他组成部分的利益为代价，因为各组成部分之间是相互作用的，任何一个组成部分的缺失必然导致教学系统平衡链的断裂，因此它们之间的平衡和发展是教学系统可持续发展的关键。

第三节　英语教学的基本课型

在英语教学中，不同的教学内容可以划分为不同的课型，每种课型有着不同的重点和操作特点。

一、英语新授课

（一）新授课的含义

新授课是一种向学生传递新知识的课型。新授课不仅仅是简单地传授新的知识，更是一场涉及教学目标、教学方法和学习效果的综合考量。其中，教师起到了至关重要的作用，他们需要在充分理解课程标准和教学目标的基础上，精心设计教学计划，选取合适的教学方法，以便有效地引导学生学习。

在英语新授课中，教师不仅要教授新的单词、句型和语法规则，还需要组织各种练习和活动，以帮助学生在实际应用中掌握新知识。这样的教学过程要求教师具有很高的教学技巧和教育智慧。他们需要灵活运用各种教学工具和资源，以激发学生的学习兴趣和参与度。更重要的是，新授课不仅关注知识的传授，还注重对学生核心素养的培养。教师要通过有效的学习方法引导，帮助学生提高对新知识的价值认知能力，以及价值判断水平。这意味着，教育不再是简单的“填鸭式”教学，而是一种更为全面和深刻的人格塑造。学生在这个过程中会锻炼思维，提升文化素养，甚至很可能在掌握英语知识的同时，培养出更为健全和全面的世界观。

（二）新授课的特点

英语新授课的特点如图 1–3 所示。

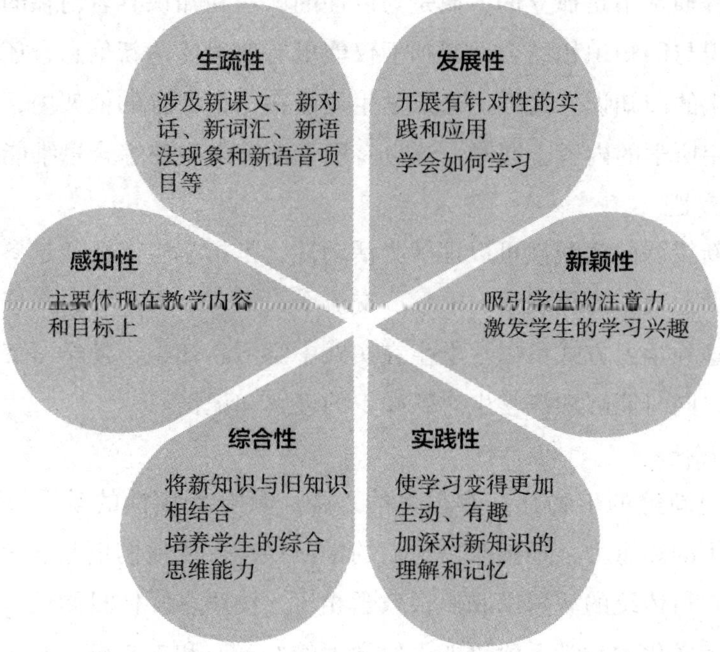

图 1–3 英语新授课的特点

1. 生疏性

新授课往往涉及学生以前没有接触过的新课文、新对话、新词汇、新语法现象和新语音项目等。生疏性一方面可以看作学习的挑战，因为学生需要跨越熟悉和不熟悉的鸿沟，而这常常需要更高的认知负荷和心理准备。另一方面，生疏性也是教学活力的来源，能够促使学生打破惯性思维，更加用心地去适应和理解新的知识体系。

2. 感知性

一门课程的感知性主要体现在教学内容和目标上。教学并不是简单地将信息从教师头脑中“转移”到学生头脑中，而是需要将新知识与相关的语境、规则和应用方法相结合，让学生能够全面地、深刻地理解和掌握。教师需要注意学生的认知发展阶段，合理设计教学步骤，以逐步引导学生由浅入深、由表及里、由简单到复杂地认识和掌握新知识。通过听、看、模仿和思考，学生能够对新知识进行多角度、多层次的理解和记忆。

3. 综合性

新课程通常不是孤立的，而是与以往的课程和知识有着内在的联系。通过将新知识与旧知识相结合，教师不仅能更有效地传达新信息，还能够巩固和拓展学生的旧知识。这样一来，学生便能在一个综合的框架内，更系统地理解和应用所学的内容。同时，这也有助于培养学生的综合思维能力。

4. 实践性

英语新授课的实践性可以理解为活动性，是指学生需要通过参与各种活动，例如做游戏、角色表演、唱歌、交流个人信息、书写等，来感知和学习新知识。这种学习方式可以让学生在实践中学习新知识，使学习变得更加生动、有趣，同时能够加深学生对新知识的理解和记忆。

5. 新颖性

学生对新鲜的事物往往有很大的兴趣。具有新颖性的教学方法不仅能够吸引学生的注意力，还能激发他们的学习兴趣，使他们更愿意参与课堂活动。比如，与传统的教科书和黑板教学相比，使用多媒体投影仪、教具、互动游戏等多样化的教学手段更能引发学生的好奇心和参与感。基于此，教师可以运用各种各样的方法来体现教材与教学内容的新颖性。例如，教师通过设计与现实生活紧密相连的情境，让学生在模拟的环境中实际使用英语，从而更好地体会语言的内涵。

6. 发展性

在当今这个知识更新快、传播快的时代里，英语教学面临巨大的挑战和机遇。新授课模式的发展性为英语教学注入了活力，其核心是通过有针对性的实践和应用，帮助学生不仅学到知识，而且学会如何学习。

在英语新授课中，教学不应该只停留在机械重复、模仿、套用的层面，而是应该让学生在真实的语境中，通过练习来巩固新知识，从而克服遗忘，掌握和运用新知识。新授课强调对所学知识的迁移能力。也就是说，学生不应该只是学会一种新句型，而是应该学会一种句型，然后能够迁移这种知识，总结归纳出其他的句型。这样的教学方法，能够让学生在练习中求发展，在巩固中求发展，最终达到熟练掌握和自如运用所学知识的水平。

（三）新授课的原则

在新授课教学过程中，英语教师应遵守以下几个原则。

1. 学生为主体，教师为主导

教育是以学生为主体的过程，也是以教师为主导的过程。传统的教育方式常常强调教师的地位，有时会忽略学生的主观性。但学习最终是学生的责任和选择。如果学生不愿意学习，单纯的惩罚或强迫策略不仅无效，还可能引发学生的反感，影响长期学习效果。因此，教师应更多地采取引导方式，以激发学生的学习兴趣，使其认识到自己是学习的主体。

2. 依据教材，超越教材

优秀的教师不仅会依据教材进行教学，还会根据学生的需求和兴趣进行拓展，超越教材的局限。教材只是一个基础框架，而教师则应当是灵活运用教材、丰富教材内涵的“大厨”。例如，教师在解释课本上的概念时，可通过实例、故事或者现场试验等方法，让学生更加深入地理解和记忆。

3. 价值先行，知识跟进

在学生阶段，培养良好的价值观和生活习惯比单纯传授知识更加重要。一个具有良好价值观的人，将更容易在未来的学习和生活中取得成功。

4. 情感互动，教学相长

教育不只是知识的传递，更是情感和人格的培养。长时间的师生互动会自然产生情感联系，这是一个双方都能从中受益的过程。有效的情感沟通和反馈，既能增强学生的学习动力，又能促进教师自身的成长。

5. 源于生活，回归生活

知识应当与生活紧密相连。一味地追求书本知识而忽视其在实际生活中的应用，是教育的一种失败。教师应该鼓励学生将所学知识应用到生活中，解决实际问题。这不仅可以加强学生对知识的理解和记忆，还能提高其解决问题的能力。

（四）新授课的教学环节

一般而言，新授课的教学环节如图 1–4 所示。

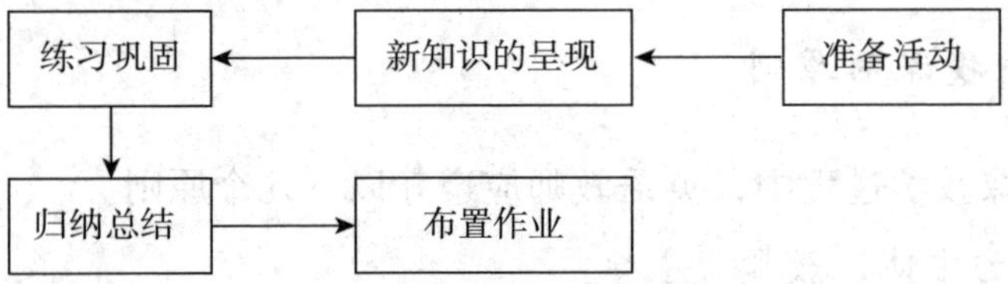

图 1–4　新授课的教学环节

1. 准备活动

准备活动在教学过程中起着至关重要的作用。它不仅仅是一堂课的起点，而是设定整节课学习氛围、激发学生兴趣并切入主题的关键环节。有效的准备活动不仅能引发学生的兴趣和注意，还能让他们迅速进入学习的状态。教师在设计准备活动时，应注重创造性和灵活性。教师可以使用各种形式，如歌曲、咏唱、游戏或日常问答等，以激发学生的学习兴趣。需要注意的是，这些活动应与将要呈现的教学内容紧密相关。如果一节课要教授动物的英文名称，那么以一个与动物相关的小游戏或者一个动物的故事作为开场，会让学生更容易沉浸在接下来的学习内容中。此外，教师设计的活动应尽量让全体学生都能参与。这不仅能让每一个学生都有机会展示自己，还有助于形成集体的学习氛围。

2. 新知识的呈现

在传授新知识的过程中，教师应遵循两条原则：一是以教材为本，二是准确简明。

（1）以教材为本。教材是教学的基础。现代教材已经越来越注重与学生的实际生活相结合，以同龄人物生活为中心，创设了丰富多彩的教学背景。这为教师提供了很好的教学工具——教师可以充分利用教材中的情境和配套资源，通过简短、准确的教学语言，辅以图片、示范等直观手段，从已知到未知、从简单到复杂，循序渐进地呈现新的内容。同时，教师也可以根据教学目标和学生的实际需求，自己创设与教材不同的情境，使教学内容更为丰富多样。

（2）准确简明。教师采用的教学方式要准确简明。在有限的时间内，教师需要把握教材的重点，确保学生能够在短时间内掌握关键知识。对于有完整情境的课文，教师应该先整体呈现，让学生对课文有一个大致的了解，再引导学生逐步深入学习语言知识。教学词汇和句型应当简明扼要，教学语音、语调应当准确规范。

3. 练习巩固

在英语教学过程中，练习巩固环节是至关重要的。该环节的主要目的在于帮助学生深化对知识的理解，做到真正内化知识。

（1）循序渐进。英语教学的练习活动通常是从简到繁，逐渐增加难度的。这种方法有助于学生逐步建立自信，并为后续的学习做好准备。练习的过程分为三步，分别是模仿练习、情境练习和拓展练习。模仿练习的关键是重复和机械。学生在此阶段需要大量重复和模仿，以确保他们完全理解和记住新知识。这种模仿练习允许学生在没有思考的情况下自然而然地运用所学知识。情境练习允许学生在真实或模拟的环境中运用所学知识。教师在这一阶段可以通过创设不同的场景或情境，帮助学生进行替换练习和转换练习。拓展练习注重知识的综合应用。它要求学生整合所学知识、技能，并在更复杂的情境中运用。在这个练习环节中，教学的目标是学生能够自由地使用英语交流，分享信息。为了确保学生能够达到这一标准，教师可以使用情境、图表、实物等直观的教学工具，帮助学生更好地理解和运用知识。

（2）有效、充分。在英语教学中，课文的练习要充分，要确保学生不仅能够熟读且理解课文内容，还能够在教师的指导下流畅复述，并对所学的话题进行深入讨论。有的教师会让学生单独记忆单词，这样的做法可能会使学生对所学的内容感到枯燥，甚至失去学习的兴趣。更有效的方法是让学生在句子中练习词汇，这样不仅可以帮助他们更好地理解词义，还可以帮助他们学会在真实的语境中运用所学词汇。为了确保每一个学生都积极参与学习，教师应设计尽可能多的小组合作式的练习活动。在小组活动中，学生可以讨论、互相纠正错误，并共同完成任务，这样既可以提高学习的效率，还可以培养他们的团队合作能力。在小组活动中，教师扮演的是观察者和指导者的角色，需要倾听学生的讨论、观察学生的表现、及时对学生给予指导。

4. 归纳总结

在英语教学中，归纳总结的目的是帮助学生更深入地记住和理解课堂所教授的核心内容和精髓。结构化和简化的总结方式，可以让知识更加清晰、有条理，从而更易于学生吸收。特别是在一节课结尾时的归纳总结部分，教师可以再次突出展现学生需要掌握的要点，以确保学生对这些重要信息有深刻的印象。总结不仅有利于学生的记忆，同时为教师提供了一个机会——教师可以基于课堂内容为学生布置更具针对性的课后作业。这样的作业能够更有针对性地加强学生对知识的掌握。

5. 布置作业

在布置作业方面，将作业内容与学生的日常生活紧密结合不仅可以增加学生的参与感和兴趣，还能帮助他们在实际情境中运用所学知识，从而更好地理解和掌握知识。

（五）上好新授课的方法

1. 尊重学生的个体差异

每个学生都是一个独立的个体，有自己的兴趣、潜能和学习方式。传统的集体讲授方式不能很好地顾及这些个体差异，容易使一些学生失去学习的兴趣和动力。要想真正做到因材施教，就要将集体讲授和个别指导结合起来。通过个别指导，教师可以更好地了解每个学生的需求和潜能，为他们提供更为合适的学习资源和支持。同时，教师要鼓励学生发掘自己的特长，帮助学生在学习中找到自己的定位和方向。

2. 灵活使用教学方法，因材施教

教学不仅仅是知识的传授，更重要的是启发和诱导学生的思维。在教学过程中，教师应当根据学生的实际情况和反应，适时地提供提示与引导，使课堂教学更具有启发性。此外，教师要注重培养学生的自主学习能力和思维能力，帮助他们学会如何学习和思考。

3. 注重教学内容的趣味性

在英语教学中，教学内容的选择和呈现方式应当是充满吸引力的，让学生产生对英语的好奇心，从而自然而然地愿意参与到课堂活动中来。为了激发学生的学习兴趣，教师可以在教学中适当融入游戏。例如，通过"一起找单词"的游戏，学生可以在竞技中锻炼词汇记忆能力和反应能力；通过角色扮演，学生可以更为直观地理解和使用日常对话中的句型。这些游戏不仅能让学生忘记学习的压力，还能让学生在玩乐中收获知识。对于低年级的学生来说，只有游戏是不够的，教师还需要充分利用各种直观教具，将复杂的教学内容简单化。图卡、模型、实物、多媒体等都是非常好的教学工具。它们可以帮助低年级的学生更加直观地理解和掌握知识。

4. 增加有效互动

互动是教育的重要内容，是学生与教师、学生与学生之间进行有效沟通的桥梁。互动不仅能激起学生的学习兴趣，还能促进他们的思考和创新。通过动手实践、问答、小组讨论等方式，学生可以更深入地理解和掌握知识。更为重要的是，互动能够帮助学生培养团队合作的能力，学会倾听和理解他人的观点，进而变得更加开朗和自信。

5. 营造自然的语言环境

语言不仅仅是文字和语法规则，更是文化和情感的载体。只有在真实、自然的语境中，学生才能真正体验到语言的魅力和功能，学会更加自如地运用语言来表达自己。为此，教师应当创造出这样的课堂环境，让学生有机会用目标语言进行真实的交流和表达。

6.恰当的教学节奏

掌握课堂教学的节奏是一个被许多教育者忽视的要点，但其实它对于学生的学习效果有着重要的影响。学生的注意力并非始终保持在高峰，教师需要根据学生的状态灵活调整教学节奏。当学生的注意力集中时，教师可以加大教学难度，提高学习的挑战性；而当学生感到疲乏之时，教师则应当放缓节奏，给予学生休息和思考的机会。这样做有利于取得良好的教学效果。

二、英语练习课

（一）练习课的含义

好的练习能激发学生的主体性，激励学生在教师的指导下运用自己已有的英语知识和技能，完成语言任务。学生不仅仅需要接受知识，更要通过各种方式（如词汇、语法的训练或专题讨论）来巩固和加深对所学知识的理解，从而提高应用能力和阅读能力。英语练习课不同于常规的英语课，它更侧重于学生的独立练习，是对新授课内容的补充和延续。从心理学的角度来看，学生要真正理解和掌握某个知识点，往往需要经历多次从实践到认识、由认识到实践的过程。

一节好的英语练习课不仅仅是让学生重复所学内容，更是要发挥英语的语用价值和应用价值。这需要教师对教材深入了解，能够准确地把握学生的需求和水平，设计出富有挑战性、适合学生的练习，并有效地组织学生进行实践。实际上，一节高效的英语练习课所需的筹备和付出不亚于一节新授课。

（二）练习课的特点与原则

1.练习课的特点

练习既是对学习任务的重复接触或反应，也是一个技能形成过程，在这个过程中，学生不断地形成、磨炼和完善他们的心智技能和动作技能。练习是学生在教师指导下独立运用知识、解决问题、发展智能的教学活动，是学生学习过程中的重要实践活动，具有“巩固技能、反馈评价、形成策略、解决问题、拓展思维”的功能。

2. 练习课的原则

（1）目的性。教学的每一环节都应当有明确的目的。教师在进行练习设计时，首先要明确练习的目的。一个目的明确的练习可以有针对性地帮助学生解决问题，弥补知识的空白。

（2）层次性。练习设计应该从易到难，层次分明。如此设计的练习可以满足各类学生的需要，无论是基础薄弱的学生，还是学科才华横溢的学生，都能在其中找到自己的位置。

（3）调节性。教育是一个动态的过程。在学生练习时，教师应该及时了解他们的进度和问题，并根据情况适当调整练习。

（4）灵活性。教师在制定练习内容时，应当确保练习的量和质得到平衡。不仅要考虑练习的难易程度，还要确保学生有足够的时间来完成它。

（5）多样性。为了激发学生的学习兴趣并发展他们的思维，练习应当形式多样。通过加强知识的应用性和开放性，教师可以培养学生灵活运用知识和解决问题的能力。

（三）练习课的教学环节

1. 知识回顾

（1）教学目标：通过回答问题或解答练习题，帮助学生回忆新授课的知识内容。

（2）操作要领：在教学过程中，为确保学生真正掌握了前面的教学内容，一个有效的方法是设计问题。这不仅能够帮助学生复习和巩固知识，还为教师提供了了解学生掌握程度的机会，从而根据情况对后续教学做出相应的调整。教师设计的问题可以是概括性的，涉及对上节课内容的总结和回顾。例如，教师可以提问：“上节课我们学习了哪些关键内容？”这种方式鼓励学生回忆和总结，有助于他们构建对学科的整体认识。另外，教师还可以设计典型的对话或提供一篇阅读材料，这样学生可以在真实或模拟的情境中应用所学的知识和技能。作为新授课的补充和延续，练习课在开始时，可利用这些设计的问题让学生回答或解答习题，从而帮助他们回忆、再现前面学习的知识和方法。教师通过观察和听取学生的回答，可以进行诊断，并给予适当的指导和建议。

2.分层练习

在英语教学中，细致、逐步的练习过程对于学生的长期学习进展至关重要。分层练习就是这样一个科学的方法。分层练习旨在巩固学生的英语基础知识，使学生逐渐形成阅读、会话等基本技能，并逐步提高英语思维和解决问题的能力。分层练习主要包含两层含义：一是习题的分类。教师不能简单地提供一系列随机的习题给学生，而要按照难度和类型进行排序，从易到难，由简单到综合，使学生能够根据自己的进度和需求进行选择，能够在完成基础练习后，逐渐过渡到综合练习，然后再到提高性或拓展性练习。二是学生的学习能力。学生的学习能力不一，有些学生可能很快就完成了基础和综合的练习，他们需要进一步的挑战来提高自己的能力。为此，提高性或拓展性练习作为一种选做性练习，不仅调控了练习时间，还为那些已经完成基本任务的学生提供了更高层次的英语能力培养机会。

3.自主检测

自主检测的核心在于引导学生进行独立练习，自我评价并发现存在的问题。这种独立的学习方式能够帮助学生强化基础知识和基本技能，从而为其英语学习打下坚实的基础。同时，这也是一个自我认知的过程。当学生在独立解决问题时，学生能体验到成功的喜悦，同时会发现自己的不足。教师在这个过程中起到的角色是观察者和指导者——教师需要及时收集学生的反馈信息，并根据学生的表现做出相应的指导。

自主检测的内容设计需紧扣教学目标，主要围绕基础知识和基本技能进行。这些内容应具备层次性，从简单到复杂。自主检测可以通过测试形式进行，也可以采用指定的课本或练习册上的题目。

4.归纳与课外拓展

在学生完成自主检测后，教师需带领学生进行归纳小结。这是一个对所学知识进行系统梳理的过程，能够使学生更加清晰地认识到本段学习的重点和难点。这同时是一个深化学生对语言知识的认识、让学生感受语言的实际应用的环节。

此外，通过一系列设计合理的课外作业，教师可以帮助学生对英语知识和技能有更深入的理解和掌握，并培养他们在真实场景中应用英语的能力。

（四）上好练习课的方法

1. 激发练习兴趣

学生的学习兴趣是他们探索知识的内在驱动，代表了他们对于认知世界的渴望和对于吸纳新知的愿望。教师可以从以下两方面入手来激发学生的练习兴趣。

（1）加强情感投入，激发兴趣。良好的师生关系不只建立在学科知识的传授之上，更在于教师与学生之间的情感交流和相互理解。一个理解、关心、鼓励学生的教师，能够赢得学生的信任，而这种信任会进一步转化为学生对于学科的兴趣和热情。在学习过程中，学生有自己的情感、思考和判断，需要感受到被尊重和被理解。教师的每一句话、每一个动作都可能成为学生学习的正面或负面动力。因此，培养学生的学习兴趣，首先要从培养和保持一个健康、和谐、充满关爱的师生关系开始。

（2）通过恰当的练习材料激发兴趣。单调、重复、脱离实际的练习材料会导致学生产生厌倦和反感，而与学生的实际生活、兴趣和好奇心相结合的教学材料，则会引发他们的学习兴趣。例如，对于低年级的学生来说，他们中的很多人对动物、探险、奇幻故事等有浓厚的兴趣，因此，如果教师能将这些元素融入英语练习中，那么不仅可以使练习变得更加有趣，还能帮助学生更好地理解和记忆英语词汇和句型。同时，当学生在学习过程中遇到自己生活中真正关心的问题时，他们的学习动机也会得到提高。

2. 培养练习习惯

良好的练习习惯不仅能让学生在短时间内取得较好的学习效果，而且能助力学生培养自学的能力，使他们在今后的学习道路上更加得心应手。英语练习的教学目的不仅是让学生掌握英语知识，还包括培养学生良好的练习习惯。以下几种练习习惯（见图 1-5）对学生的英语学习尤为重要。

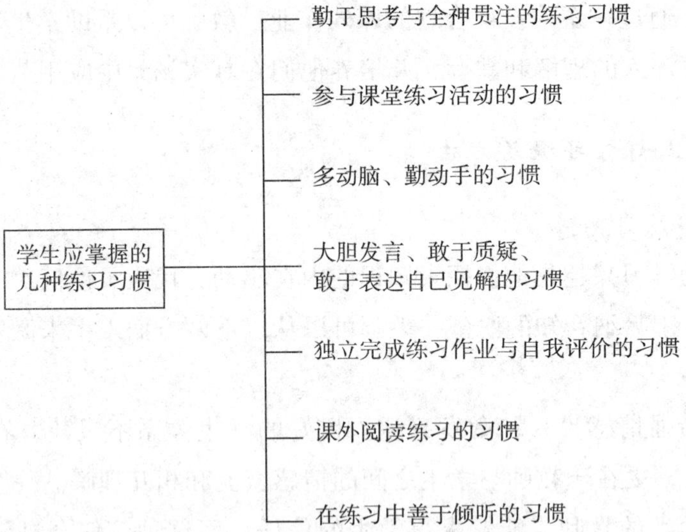

图 1-5　学生应掌握的几种练习习惯

3. 利用好教学反馈

教学过程是一场精心设计的知识与技能的传递活动，而教师作为这一过程的控制者，更像是一个调度员，负责在每一次的教学活动中针对学生的实际情况和需求进行微调。这种微调正是通过教学反馈实现的。教学反馈不仅仅是对学生学习状况的评价，更是一个动态的系统，能够促使教师及时调整教学策略，使之更加贴近学生的实际需求。当教师将知识系统地输出给学生时，不可避免地会遇到各种问题，如学生的理解障碍、注意力分散等。这时，教学反馈起到了桥梁的作用。教师可以根据反馈信息体现的学生的学习水平和特点，进行有针对性的教学，从而确保每一个学生都能够得到关注和指导。

在英语练习训练中，教师可以通过课内外相结合的方式组织实施反馈策略。

（1）教师提问。这种方式便于教师随时发现学生的问题，对教学进行实时调整。无论是自由谈话、回答问题，还是复述内容，都为教师提供了了解学生学习情况的窗口。但提问并不是盲目的，需要教师根据学生的能力层次灵活调整。比如，对基础较差的学生，可以提出基础性的问题，而对于学习较为出色的学生，则可提高问题的深度和难度，从而调动学生的学习热情。在此过程中，对于学生的回答，教师不应仅仅停留在“对”或“错”的评判上，而要进一步点评其答案的优点和不足，以帮助学生深入认识问题。

（2）随堂检测。这种检测方法并不追求题量的多少，而是重在掌握本节的重点，在此基础上略有拓展。教师可以在检测后，选择部分学生的答卷进行批阅，这样既能了解学生的普遍情况，又能有针对性地解析错误。

（3）学生独立反思。在课堂上，教师往往因为时间限制而无法对每一个学生进行深入了解。因此，留给学生一段时间，让他们自己回顾和思考，是十分必要的。学生可以通过这段时间找出自己的薄弱环节，再向教师请教，从而使学习更为深入。对于一些涉及面大或更为复杂的问题，课堂时间可能难以解答，教师则可以选择在课后为学生答疑。

4. 通过练习培养创新能力

创新是驱动人类文明前进的原动力。从火的发现，到蒸汽机，再到当今的互联网技术，每一个进步的背后都是创新的力量。进入知识经济时代以后，创新不再仅仅局限于物质产品，而是广泛涉及各种知识、技能和思维方式。在英语练习教学中培养学生创新能力的具体方法如下。

（1）发挥想象，培养创新意识。想象力是创新的核心，它不仅是一种方法，还是推动人们走向未知的强大动力。在教学过程中，教师应该鼓励学生发挥想象力和创造力。多媒体等现代教学工具，有助于教师激发学生思考，培养学生的创新意识。

（2）巧妙设问，激发创新思维。在传统的教学方法中，教师常常给予学生答案，而学生则采用应答模式来学习。然而，这种传统的方法往往不能激发学生的创新意识和创造性思维。为了培养和提高学生的创新能力，教师需要巧妙地结合练习和设问方法，将学生从被动接受者转变为主动参与者。在练习教学中，教师可以根据练习内容中有利于启发学生创造性思维的因素，组织学生开展练习活动，从而诱发学生的创新意识和创造性思维，培养和提高学生的创新能力。

（3）利用活动，强化创新能力。活动是教学中的一种重要形式，它能够帮助学生综合运用所学的知识，并将其应用于实际情境中。教师应该充分利用活动来培养学生的创新能力。例如，组织学生进行课外阅读、编辑英语小报、编写英语故事或表演英语课本剧等。

三、英语复习课

（一）复习课的含义

复习是整个教学环节中不可或缺的一个环节。在日常的学习过程中，学生可能会因为各种原因遗漏或忘记某些知识点，而复习课正是为了弥补这些遗漏，帮助学生在课程结束之前对所学的内容进行全面的回顾和整合。复习课的主要任务有两个：其一是帮助学生梳理知识，使知识系统化、结构化。这一点十分重要，因为只有知识结构清晰，学生才能更好地掌握和运用它。比如，英语中的语法和词汇都有其内在的逻辑和规律，而这些逻辑和规律往往需要在复习中被重新梳理和强化。其二，帮助学生进一步提高运用所学语言知识进行交际的能力。在实际交际中，学生需要将所学的知识融会贯通，灵活运用，而复习课恰好给学生提供了全面回顾知识的机会。

好的复习应当达到一个核心目标：巩固所学知识。这意味着复习不仅要求学生回忆所学，还要求他们进行知识的综合、归类。通过找到知识之间的联系，学生可以更好地理解和记忆这些知识，从而在实际应用中更加得心应手。

（二）复习课的特点与原则

1.复习课的特点

知识的归纳整理，是复习课的第一个显著特点。在学习的过程中，学生接触了大量的知识点，而这些知识点往往是分散的、零碎的。这种碎片化的知识状态，很难为学生提供一个清晰、有逻辑的学习脉络。而复习课的重要任务就是把这些零散的知识点连接起来，通过归纳和整理，为学生构建一个完整、清晰的知识体系。

知识的迁移训练，是复习课的第二个显著特点。传统的观念往往认为复习是对之前学习内容的简单重复，但这并不完全准确。复习的真正价值在于，如何使学生能够将已学的知识运用于新的场景和问题中。这就要求在复习过程中，要注重知识的迁移和应用训练。例如，当学生在复习某个语法规则时，教师不仅要求他回忆规则，还要求他在不同的语境中使用这个规则，以培养其举一反三、触类旁通的能力。

2. 复习课的原则

（1）系统性原则。学生在平时学习中，会习得大量的分散、零碎的知识点，而这些知识点之间的联系并不明显。系统性原则要求教师帮助学生纵横对接这些知识，将其结构化和系统化。

（2）基础性原则。任何复杂的知识体系都是建立在基础之上的。因此，无论复习的形式如何，教师都要重视基础知识的复习和基本技能的训练。在复习基础知识时，教师需要帮助学生理解它们的真正含义，以及如何正确运用它们。同时，基本技能的训练也是不可忽视的。

（3）重点性原则。由于时间有限，复习课的内容往往很多，使教师不能平均分配时间和精力去覆盖所有的内容。重点性原则要求教师将精力集中在那些难点、弱点和容易出错的地方。这样一来，教师就可以在有限的时间内，为学生提供更有效的学习价值。

（4）针对性原则。在教育过程中，尤其是在复习阶段，不应该存在模糊或不明确的部分。每一步的选择，无论是教学方法、习题设计还是重点的确定，都要根据一系列准确的指标进行。针对性不仅能提高复习的效果，还能避免浪费时间和资源。

（5）精选性原则。教师在复习课上给学生提供的习题和材料应经过精心筛选和组织。每一道习题都应具有基础性、综合性、启发性、代表性和典型性。这些特性能帮助学生从不同的角度掌握知识，发现问题的规律和解决方法。当学生能够通过这些精选的习题获得新的认识和体会时，他们的学习兴趣和动力也会得到提高。

（6）主体性原则。学生不应该仅仅是复习的被动接受者，而应该成为积极、主动的学习者。在复习课上，教师应该为学生创造条件和机会，使他们能够积极参与到复习的每一个环节中。教师鼓励学生主动探究、思考和学习，可以帮助学生更好地理解和掌握知识，同时培养他们的独立学习和解决问题的能力。

（7）指导性原则。教师不仅仅是传授知识的人，还是学生学习的指导者。因此，教师应明确指导学生如何进行复习，使学生了解复习的具体目的、重点和有效的复习策略。这种指导对于那些学习困难的学生来说更为重要。他们可能需要额外的支持和帮助，才能够跟上进度。教师应该有针对性地为这些学生提供指导，帮助他们找到适合自己的学习方式和策略，从而提高他们的学习效果。

（8）及时性原则。在复习课上，教师应该时刻关注学生的学习状态，了解他们的困惑和问题，并为他们提供及时的帮助和反馈。这种实时的指导和反馈能够帮助学生更快地找到学习的方向，及时调整学习策略。

（三）复习课的教学环节

1.创设情境，进入复习

教师需要围绕单元主题设计一个引人入胜的情境来吸引学生进入学习，如采用闯关式的游戏方式，这样学生可以在游戏中感受到挑战与乐趣，以轻松的状态进入复习。

2.知识梳理，巩固练习

在复习课上，教师不仅要重复既定的知识点，还要让学生主动参与到知识的梳理中，鼓励他们多说多做，这样可以进一步培养学生的理解能力，帮助他们巩固知识。同时，利用现代信息技术来进行复习，如听做、表演、视听和配音等方式，可以使复习过程更为生动和有效。

3.渗透课本，提升综合语言能力

复习课并不只是为了再现课本知识。简单的听、说、读、写虽然是基础，但在此基础上，学生还需要进行更多的实践活动，如交际会话、分角色表演、配音、考眼力、小游戏等。这些活动可以帮助学生在熟练掌握课本内容的同时，提高他们的综合语言运用能力。例如，学生在进行分角色朗读或表演时，不仅要理解课文内容，还要根据角色的性格、情感等进行表达，这无疑提高了对学生的理解和应用能力的要求。

4. 拓展应用练习

为了真正提高学生的应用能力，教师还需要拓展应用练习。教师可以根据学生的实际情况，创设与学生生活贴近的情境，设计具有一定难度、梯度和挑战性的活动。例如，教师可以根据自己创设的情境，让学生进行改编对话、记者采访、动笔做练习题等活动。在这样的真实或模拟的真实情境中，学生可以更好地运用和掌握语言，真正实现学以致用，使学习与生活相结合。

5. 当堂检测

当堂检测，通常在 10 ～ 15 分钟完成，其目的是对近期所教内容的回顾。这种短时期的检测，可以更真实地反映学生对于新知识的掌握情况。但成功的当堂检测并不是简单的提问，而是需要教师精心设计题目。题目要设计合理、层次分明且凸显教学的重点与难点；内容既要涵盖每个课时的主要要点，又要确保各种语言元素，如语音、语法、词汇、句型和语篇都被纳入其中。这样的整合不仅能测试学生对基础知识的掌握情况，还能检验他们将这些知识应用于实际语境的能力。教师也可以采取分组的方式进行检测，这样不仅能够鼓励团队合作，还能使学生在团队中相互学习、相互竞争，激发他们的学习积极性。

6. 总结，布置作业

总结与回顾是学习过程中的关键环节。通过让学生整理本单元的复习要点，教师可以明确学生的掌握程度，进而为他们提供有针对性的反馈与评价。通过对学生的学习情况进行评估，教师可以明确地找出学生在学习中遇到的问题，这样，教师便能更有针对性地布置作业，帮助学生巩固和深化语言知识。同时，让学生回顾知识点，并整理出自己的易错词汇和句型，既能增强他们的自我认知，又能够帮助他们在后续的平行性试题中更加得心应手，达到学以致用的效果。

（四）上好复习课的方法

1. 整合教材，选择正确的教学方法

在课前，教师应深入地梳理知识，整合学习内容。由于复习课较少，复习的频率也低，因此每一次复习都应高效而有针对性。而真正高效的复习不仅仅是简单的回顾，更关键的是要找到知识上的关联。例如，如果有几个单元的句型有着紧密的联系，教师就可以从中设计一个主题，以此为线索，串联起这些单元。这时，词汇和句型就成为复习的主线，教师可以围绕它们设置不同的场景任务模块。这种整合方式既有助于学生形成完整的知识体系，也能够增加学习的趣味性。

2. 激发学生学习兴趣

教学方法和复习效果往往是相互影响的。如果复习的主要目的是激发学生的学习兴趣，那么教学方法应该避免机械和单一。教师可以创设一些有趣的活动，如听音做动作、猜词游戏、接龙游戏和拼图游戏等。这些活动不仅可以帮助学生更好地记忆和掌握知识，还可以提高他们的学习兴趣和参与度。此外，对于学习进度较慢的学生，教师应给予特别关心和指导。教师可以帮助这些学生将大的学习目标分解为小的、可实现的步骤，如每天掌握一定数量的词汇和句型，并多次进行巩固。教师应及时检查和督促这些学生的学习进度，并给予他们足够的鼓励。对于这些学生来说，感受到成功和进步是很重要的。一旦他们获得了成就感，他们的学习动力和积极性将大大提高。

3. 发展学生的综合能力

复习课为教师提供了一个加强和巩固学生综合能力的机会，包括语言知识、技能、情感态度、学习策略和文化意识等。在复习课上，对学生的听、说、读、写等基础能力的训练是基础而重要的。这些基本技能是语言学习的基石，只有掌握了它们，学生才能更好地在实际中使用语言。教师可以设计听力练习，帮助学生提高对信息的捕捉能力；通过不同的阅读材料来锻炼学生的速读和理解技巧；传授不同的学习策略，如单词记忆的办法、看图回答问题的方法，以及完成听力题的技巧等。

4. 发展学生的思维能力

学生在认知过程中，会经历一系列的思维活动，如观察、注意、想象、类比、分析、推理、判断等。教师应深入了解这些认知规律，然后设计相应的语言任务活动。例如，让学生观察一幅画，然后描述其中的情景；设计一些逻辑推理题目，锻炼学生的思维能力。

5. 弥补教学不足

在教学过程中，有些教学上的不足是可以预见的，能够在早期得到辨识和处理，如语法误用、发音不准确等。对于这类问题，教师能在前期预测并在课程中适时调整，加强对这一语言点的重复练习和巩固。而有些教学上的不足是难以预料的，在后期复习时可能会显露出来。这些问题在新的知识点教学时并未显现，但在复习阶段成为阻碍，影响学生的整体理解和运用。对于后者，简单的操练往往难以完全解决问题。因此，教师在组织复习材料时，需要有策略地为学生提供一个全面而深入的复习体验。关键在于，教师要善于从众多细节中提炼出学生的共性问题，并系统地进行整理和回顾。

6. 选择合理的组织方式

有效的复习并不仅取决于复习的频率，还取决于复习的组织方式。心理学研究表明，人的记忆与复习的结构化、有意义性以及复习的情境都有关。同一个知识点，如果在不同的情境下、与不同的内容联系起来进行复习，其巩固效果往往会更好。复习课应该是一个强化记忆、加深理解、提高综合应用能力的过程。它的核心目标是让学生重新捡起那些可能已遗忘的知识，补足遗漏的部分，纠正误区，以及加强那些稍显薄弱的地方。

四、英语活动课

（一）活动课的含义

随着社会的进步和经济全球化的发展，21 世纪对人才的需求与以往大为不同。未来的社会需要具备丰富学科知识的人才，更加重视那些具备创新能力、团队协作能力和跨文化交际能力的综合型人才。在此背景下，我国实施了素质教育。而英语活动课就是培养人综合素质的一种方式。

在传统的英语课堂上，学生常常被动地接受知识，但在活动课上，他们需要主动参与，与他人交流，使用英语来完成一系列的任务。这种教学方法不仅可以提高学生的英语水平，还可以培养他们的团队合作、沟通能力和解决问题的能力。“活”和“动”是活动课的核心理念。“活”指的是将死板的文字转化为生动的对话，将教材的内容与学生的真实生活相结合，让学生在真实的交际环境中学习英语。而“动”则强调学生在学习过程中要积极参与，不仅是身体的动，还有思维的动，以及对学习的主动参与和热情。可以说，英语活动课不只是英语教学的一种新方法，更是一种教育理念的转变。它反映了社会对于21世纪综合型人才的培养目标：不仅要掌握知识，而且要有实际操作的能力，能够在真实的环境中应用所学，与他人有效沟通，解决实际问题。

（二）活动课的特点与原则

1. 活动课的特点

（1）注重学生的主动性与参与性。活动课是一个让学生保持“动态”的场所。在这里，学生的每一个动作、每一次互动，都是学习的一部分。学生在活动课中拥有较大的自主权。他们不仅可以参与活动的设计和策划，而且能参与到活动的准备过程中。这样做不仅能够锻炼学生的组织和策划能力，还可以让他们在实践中学到真正的知识，发挥出自己的聪明才智。每一次的活动后，学生还需要积极参与课程总结，反思自己在活动中的表现，总结经验教训。每堂英语活动课都需要根据学生的实际情况和特点进行设计，让学生真正地“活”在课堂上，真正地“动”起来，这样他们才能在统一组织的活动中培养出自主意识，发挥出主体作用，真正成为活动的主人。

（2）巩固所学知识。在教育的过程中，把所学知识转化为实际应用，对于学生来说具有重要意义。当学生能够将所学到的知识运用到实际生活中时，这些知识就已经被掌握了。为了培养学生的英语实际应用能力，教师可以设计一些活动，如英语记者采访活动。它不仅仅是一个简单的角色扮演，而是一个全面的实际操作过程。在采访外籍教师的前半个月，教师不再仅仅按照教材进行教学，而是结合活动，向学生介绍外籍教师所在国家的文化、风俗、地理、资源和经济等实际情况。这种教学方式更贴近实际，可以帮助学生更深入地理解和掌握知识。

（3）教学内容和形式灵活多样。教师在组织英语活动课时应根据活动课程的自主性特点，将重点放在发展学生学习的自主性、独立性、创造性上。为了确保每位学生都能从英语活动课中获益，教师应当设计和组织多种层次和形式的活动。每个学生的英语基础、兴趣、爱好和特长都是不同的，因此在活动的内容与形式上，应当让学生有机会进行选择。

2. 活动课的原则

（1）学生为主体，教师为主导。英语活动课应坚持以学生为主体的教学模式，充分考虑到学生的多方面因素。这些因素包括学生的智力、年龄、心理等，它们都会对学生的学习产生影响。只有在充分了解学生的基础上，教师才能设计出真正符合学生需要的教学内容和形式。而在这一过程中，教师并不是主角，而是那个在背后默默引导的人。

（2）注重实践。英语活动课重视学生在实践活动中真实地使用英语。当学生在玩游戏、参与角色扮演或进行小组讨论时，他们不仅在学习新的词汇和语法结构，而且在实践中锻炼了语言交际能力。学习英语的真正目的是能够在真实生活中与他人交流。当学生开始重视并积极参与用英语进行的日常交际活动，他们会发现自己在这个过程中有了明显的进步。而这种进步不仅仅体现在学术上，更重要的是他们在实践中体验到了学习和使用英语的乐趣。

（3）趣味性与真实性相结合。在英语活动课中，要想真正提高学生的学习兴趣和效果，仅仅依靠活动的趣味性是不够的，更应强调情境的真实性。例如，当学生学完一个知识点后，教师可以组织一次模拟表演活动。在此之前，教师要确保每个学生都对所学内容有所掌握。教师应协助学生解决在学习过程中遇到的难词或难句，确保他们能够流利地参与到表演中来。在活动开始时，教师可以让学生根据自己的兴趣选择角色，这样学生更容易投入和享受这一过程。当然，为了更好地组织和指导，教师也可以合理地为成员分配角色。通过这种方式，学生不仅能够在真实的情境中应用所学的知识，还能够体验到学习的乐趣和成果。

（4）注重文化意识的培养。在英语活动课中，课本对于学生而言，是一个神奇的指南，带领他们进入一个个不同的世界。学生会根据自己的经验和想象去解读课本中的内容，感受其中的文化和历史。例如，当学生学习如何与外国人交流时，他们实际上也在了解不同文化中人与人交往的微妙差异。

(5) 科学评价。评价对于学生自我认知和自我改进至关重要。为了与学生的心理需求相匹配，教师应当及时给予学生恰当的反馈。科学且准确的评价不仅能够激发学生的潜力，还能提升他们的自信心。

(6) 贴近生活。知识源于日常生活并能优化生活。活动应与学生的生活经验相结合，确保其具备科学性和实践性。在教学过程中，教师可以超越时间和空间的束缚，与教材相结合，恰当地规划相关的活动。

（三）上好活动课的方法

1. 英语板报

创办英语板报不但可以增强学生的文化意识，营造浓厚的学习英语的氛围，而且能促使学生积极主动地学习英语。这样的环境能够锻炼学生的口语与写作能力。

2. 英语竞赛

举行英语素质能力竞赛，如英语演讲比赛和知识测试，能够为学生提供一个展现自己的舞台。这些竞赛能够培养学生的竞争意识，激励他们走出舒适区，进一步提高英语应用能力。

3. 游戏教学

很多学生喜欢玩游戏，因此，将知识与游戏相结合，可以为学生创造一个既轻松又有益的学习环境。例如，教师在教授人体部位词汇时，可以通过一些有趣的游戏让学生进行实践，如听到英语口令即做出相应的动作，这不仅能够锻炼学生的反应能力，而且能够帮助他们深入地理解和记忆所学内容。

第四节　英语教学的理论

一、行为主义学习理论

行为主义学习理论为近一个世纪的教育和心理学研究提供了坚实的理

论基础。其核心观念是学习是刺激与反应之间的联结。即人们或其他生物体在外界环境的影响下所产生的行为是习得的，而不是先天的。行为主义学习理论认为，人类的思维是与外界环境相互作用的结果，可概括为“刺激—反应”，刺激和反应之间的联结叫作“强化”，通过环境的改变和对行为的强化，任何行为都能被创造、设计、塑造和改变。[①] 例如，在教学场景中，当学生成功完成一个任务或正确回答了一个问题时，教师可以给予学生赞美或奖励，这样学生在下次遇到类似任务时会更有动力去完成。反之，如果一直使用惩罚来处理学生的错误，那么学生可能会对学习产生畏惧感，丧失学习热情。

（一）行为主义学习理论的主要特征

美国心理学家约翰·布鲁德斯·华生（John Broadus Watson）在 20 世纪初提出了行为主义学习理论。[②] 该理论的主要特征如下。

1. 强调观察与模仿

在学习过程中，学习者对其周围环境中的语言现象进行观察和模仿。为了有效地学习，学习者需要有足够的机会来观察和模仿他人。

2. 强调重复实践

行为主义学习理论认为，要养成一个新的习惯或学习到一个新的技能，学习者需要进行反复的实践。这种机械的重复是为了达到“刺激—反应”的效果，即当给出一个特定的刺激时，学习者可以自动地做出适当的反应。

3. 强调鼓励与强化

行为主义学习理论认为，在学习过程中，及时的鼓励和表扬对于巩固正确的反应是至关重要的。与此相反，消极的强化手段，如惩罚，可能会对学习者产生负面的影响。因此，教育者应该努力强化学习者正确的反应，同时尽量避免或减少对错误反应的强化。

4. 强调间隔性学习

这一原则强调，学习过程应该是有计划的，且应该有间隔地进行。研究

① 金玲华．新时代青少年心理健康教育：原理、操作与实务[M]. 北京：中国书籍出版社，2021：26.

② 张一春．教育技术及学术发展史[M]. 福州：福建教育出版社，2021：124.

表明，间隔性学习可以增强记忆的稳固性。例如，当学习者试图掌握一个新的语言现象时，学习者不应该连续地进行大量的学习，而应该分多次、有间隔地进行。

（二）行为主义学习理论的学习模式

在行为主义学习理论的基础上，学习者的学习模式基本可以概括为“模仿—强化—重复—养成”四个步骤，如图 1-6 所示。

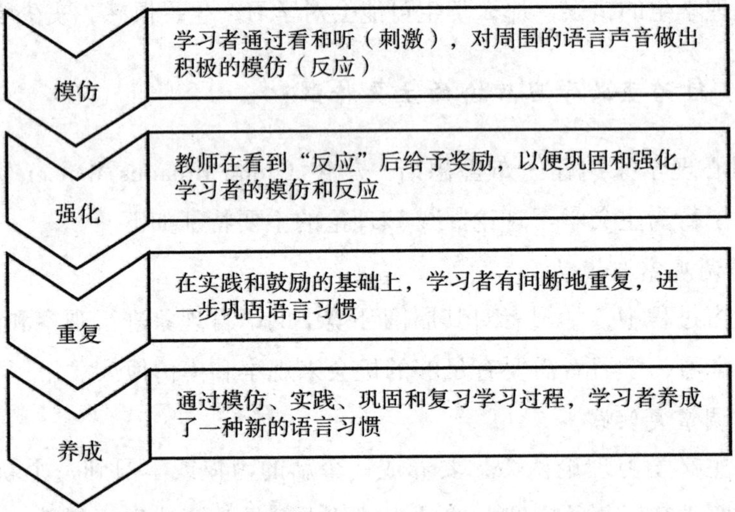

图 1-6　行为主义学习理论的学习模式

二、建构主义理论

行为主义主张学习是外部刺激与学习者反应之间的关联。[①] 例如，当学生被奖励或惩罚后，他们的某种行为模式可能会被加强或减弱。这种观点将学习视为一个相对被动的过程，认为学习只需反复练习与强化即可。认知主义则强调学习是一个外界知识与内部认知结构相互作用的过程。[②] 它关注个体如何处理、储存和调用信息，如何解决问题和如何将新知识与已有知识进

① 周鑫燚，王慧．大学智慧课堂[M]．成都：四川教育出版社，2021：65.

② 周鑫燚，王慧．大学智慧课堂[M]．成都：四川教育出版社，2021：66.

行整合。建构主义理论进一步拓展了认知主义的观点。建构主义理论的核心思想是，学习不仅仅是知识的简单接收或内化，更多的是学习者主动地在其认知框架中构建知识。在构建主义的视角下，教学中的学生不是空白的纸，他们在学习过程中会基于自己的背景知识和经验对新知识进行解读和重塑。于是，教学的焦点从教师转移到了学生。教师的角色不再是单纯的传授者，而是变成了指导者和协助者。他们的任务是创建一个促进学生主动学习和探索的环境，通过各种方法引导学生建立、重组自己的知识体系。这种方式鼓励学生自我认知、自我构建，这样学生在获取新知识时，不是被动地接受知识，而是通过深度的思考和理解将其内化。

（一）建构主义学习理论的主要特征

建构主义学习理论体现了“以学生为中心”的现代教学理念。其主要特征如下。

1. 认为学习是一个积极主动的建构过程

建构主义认为，在教学过程中，学生是积极主动的参与者，他们需要将新知识与已有的经验和认知结构相结合。真正有效的学习是基于学生的主动参与和理解。兴趣是学习的最佳助推器。对材料的兴趣可以激发学生的好奇心，促使他们在学习过程中主动探索和研究，建构当前事物的意义。

2. 强调协作学习

协作学习被认为是意义建构的核心。建构主义认为，学生在原有的经验和理解的基础上，与外部环境进行互动、交流和协作，逐渐构建和完善自己的认知。传统的教学模式往往偏向于教师单方面讲授、学生被动接受。而协作学习强调的是双方的互动，包括师生之间和生生之间的互动。在这样的互动中，学生不仅仅是接受者，他们同时也是参与者、贡献者。这样的学习过程使学生在吸收新知识的同时，也能够不断地调整和完善自己原有的知识结构。

3. 重视学习情境

学习不是一个孤立的过程，而是与一定的社会文化背景即“情境”紧密相连的。在此背景下，知识的形成不仅仅是由个体独立完成的，更多的是在人们的互动与交流中逐步形成与完善的。情境学习的优势在于它强调真实或与真实相似的环境中的学习。这种学习方式不是简单地灌输知识，而是鼓励学习者与其环境进行互动，在交互作用中通过“同化”与“顺应”逐步建构知识。

4.重视信息资源

信息资源是意义建构的基石。意义建构不是一个单一、线性的过程，而是一个多维、交互式的过程，需要多样化、开放性的信息资源的支持。学生在学习过程中，如果能够接触到来自不同渠道和角度的信息，将更容易对某一知识或概念进行深入理解和全面掌握。社会、大自然、计算机网络等都是学生学习中的信息来源，它们为学生提供了多角度、多维度的观察和思考的机会，使学生可以更好地完成意义建构。

（二）建构主义学习理论的教学模式

依据建构主义学习理论发展起来的常见的教学模式是支架式教学模式。此模式深受苏联心理学家维果茨基（Vygotsky）的“最近发展区”理论的启发。[①]“支架”这个词在建筑行业中是脚手架，是建筑师和工人用来支撑建筑结构的临时工具；而在教育学里，这个概念被赋予了更丰富的意义。支架式教学应当为学生建构对知识的理解提供一种概念框架，要把复杂的学习任务加以分解，以便把学生的理解逐步引向深入。支架式教学中的“支架”需要以学生的“最近发展区”为依据进行确立，帮助学生从已有的认知结构中逐步迈向新的认知高度。

支架式教学模式的主要环节如图 1-7 所示。

① 刘钰，曹春梅．融合视域下的教育与发展心理学[M].北京：冶金工业出版社，2021：93.

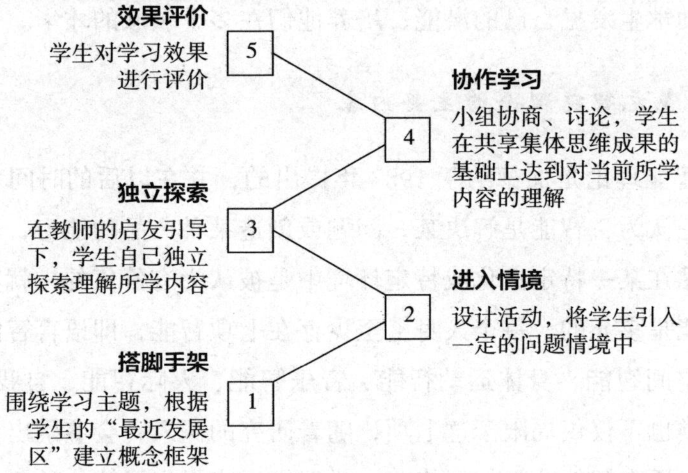

图 1-7　支架式教学模式的主要环节

三、多元智能理论

在传统的教育和心理学领域中，智能往往被视为一个单一、线性的量度，主要通过标准化的智力测试来评估。然而，这种定义忽略了个体在不同领域中所展现出的独特才华和潜能。美国教育心理学家霍华德·加德纳（Howard Gardner）的多元智能理论为人们提供了一个全新的认识智能的视角。该理论强调人类智能的多样性，认为每个人都拥有一系列相互作用、彼此独立的智能。① 在加德纳看来，人类拥有多种智能（语言智能、数理逻辑智能、空间智能、身体运动智能、音乐智能、人际智能、自我认知智能、自然认知智能、存在智能）。这些智能彼此之间虽然相互联系，但它们又各自独立，并以不同的方式得以体现。但是，这并不意味着每个人在所有领域都有同样的表现。事实上，每个人都有自己的智能“强项”和“弱项”。这种差异性是由遗传、环境和个体经验等多种因素共同作用的结果。多元智能理论认为，不同的智能之间是可以相互作用的。一个人在某一领域的突出表现，可能会促使他在其他领域也取得相应的进步。多元智能理论强调，每个人都有潜能发展各种智能，教育要给予学生适当的鼓励和环境，并通过适当

① 朱麟．对外汉语教育心理学十二讲[M]．北京：知识产权出版社，2013：102.

的指导帮助学生发掘自己的潜能，培养他们在多个领域的才华。

（一）多元智能理论的主要内容

多元智能理论是加德纳于 1983 年提出的，并在以后的时间多次加以发展。该理论认为，智能是解决某一问题或创造某种产品的能力，而这一问题或这种产品在某一特定文化或特定环境中是被认为有价值的。就其基本结构来说，智能是多元的，每个人身上至少存在七项智能，即语言智能、数理逻辑智能、空间智能、身体运动智能、音乐智能、人际智能、自我认知智能；智能的分类也不仅仅局限于这七项，随着研究的深入，会鉴别出更多的智能类型或者对原有智能分类加以修改。加德纳后来提出了第八种智能自然智能和第九种智能存在智能。

多元智能理论的主要内容如图 1–8 所示。

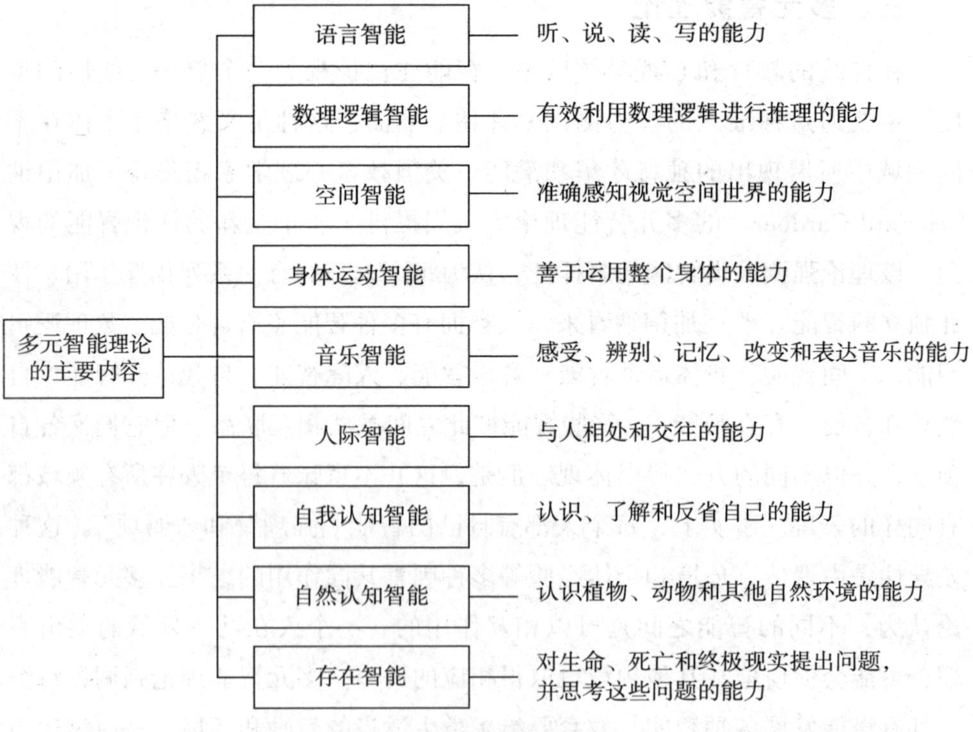

图 1-8　多元智能理论的主要内容

（二）多元智能理论的主要特征

1. 注重多元性

在传统的教育体系中，学术智能常被视为衡量一个人智慧的主要标准。然而，在多元智能理论中，人类的智慧不仅仅局限于数学和语言能力。例如，音乐家拥有音乐智能，画家拥有空间智能。音乐智能、空间智能等在传统观念中可能不被看作“智慧”，但在多元智能的框架下，它们同样重要。教育者应该意识到每个学生都是独特的，他们在不同的智能领域有不同的潜能。

2. 强调差异性

虽然每个人都同时拥有相对独立的九种智能，但由于遗传、环境和教育的影响，每个人的智能表现会有所不同。例如，同样是音乐家，有些人可能更擅长作曲，而有些人可能更擅长演奏。认识到这些差异性对于教育者至关重要，因为这有助于教育者为每个学生制定个性化的学习方案。

3. 突出实践性

在现实生活中，每个人都需要面对各种各样的问题，而如何解决这些问题，是检验智能的真正标准。加德纳认为，智能不只是理论上的概念，更多的是实践中的应用。每个人都有自己在某一领域上的优势，都可以通过自己的方式解决问题。因此，教育不应是填鸭式的灌输，而应该更多地培养学生的实践能力。

4. 重视开发性

加德纳的多元智能理论强调智能是可以被培养和开发的。学校教育应该开发学生的多种智能。这需要教育者创造一个充满挑战和机会的环境，使学生能够探索、实践和发现自己的潜能。而教育的真正价值，是帮助学生认识自己，找到自己的热情和兴趣，从而实现自我最大化的发展。

（三）多元智能理论下的教学观

多元智能理论强调，每个学生都是独特的，在不同的领域有不同的潜能。因此，教育应该是个性化的，注重因材施教。

每个学生都是完整而独特的个体，在某个领域或某些领域有天赋或潜能。这种认知打破了传统的教育方式，即所有学生都应该按照同样的方式来教育。事实上，每个学生都有可能在某一特定领域或某几个领域上表现出杰出的才能。因此，真正的教育应该是发掘学生的才能，并为他们提供合适的培养与机会，让他们的智能得以充分发展。

多元智能理论下的教学观认为，由于学生的智能特点和学习风格的多样性，不可能存在一种适合所有学生的教学方法。教育者的任务就是要找到适合学生的教学方法，与学生的优势智能和学习偏好相匹配，以此来最大化学生的发展潜能。

第五节　国内外主要的英语教学流派

一、掌握学习流派

掌握学习理论由美国教育家和心理学家本杰明·布鲁姆（Benjamin Bloom）提出。该理论认为，只要给予足够的时间和适当的教学，几乎所有的学生对几乎所有的内容都可以达到掌握的程度（通常能达到80%～90%的评价项目）。[①] 该理论得到了许多教育者的认可，并在教学过程中逐渐形成了掌握学习流派。该流派主要包含以下几种观点。

（一）新学生观

在一些教育者的教育观念中，学习能力和智力被视为固定、不可改变的特质，这些特质直接决定了一个学生的学业成就。这种观念在某种程度上模糊了教育的真正目的和使命。在这些教育者的课堂上，学业表现出色的学生得到了教师更多的关注和鼓励，他们可能会变得更加自信和积极；而那些被

① 雷静．“互联网+”在基础教育中的应用模式研究[M]．北京：北京航空航天大学出版社，2022：25.

视为“低水平”的学生则可能被忽视或者得到的关注都是负面的，这可能会导致他们的学习兴趣和动机进一步下降。

布鲁姆对这种教学习惯不以为意。他认为，每个人都具有大致相同的学习潜能，只要在时间充足和具备适当帮助的情况下，所有学生都能高质量地完成一门学科的学习。在探讨了“好学生和差学生”以及“学得快的学生和学得慢的学生”这两个设想后，布鲁姆对分层教学和按成绩分组分班提出了质疑。他倡导的是一个更为民主和包容的教育环境，一个相信每个学生都有能力成功的环境。他认为，教育的目标应该是帮助所有学生都达到一个高的学习水平，而不是仅仅培养一部分“优秀”学生。这意味着每个学生都应该得到个性化的关注和支持，以确保他们可以充分发掘自己的潜力。教育不应该是一种“一刀切”的方法，而应该是一种可以适应每个学生的独特需求和能力的灵活方法。

布鲁姆的教育哲学植根于相信学生的内在潜能，这种理论促使教育者重新思考如何更好地服务于所有学生。

（二）反馈矫正系统

传统的教育模式过于依赖于班级授课，这种一对多的教学方式往往不能满足每位学生的独特需要；而评价学生的方式也多以平时测验和期末考试为主，通常只关注学生的分数和排名，忽视了学生真正的学习进程和他们面临的困难。缺乏个别化的辅导，这样的模式很难帮助学生填补知识的空缺。班级教学与个性化辅导的结合是实现高效学习的关键，也是掌握学习流派提倡的做法。通过诊断性或形成性测试，教师可以及时了解学生的学习情况，找出他们在学习中的漏洞和不足。这样的方法更为人性化，因为它考虑到每个学生的独特性。

二、建构主义流派

（一）个人建构主义流派

个人建构主义理论提出了抛锚式教学和随机访问教学两种教学模式。

1. 抛锚式教学

抛锚式教学是基于抛锚（真实存在的事件与问题）的一种教学模式。这种模式认为当抛锚被创设以后，教学内容和进度也就因此确定了。[①]

抛锚式教学包括以下几个流程。

（1）创设情境。在这一阶段，教师要为学生创设一个与真实环境类似的学习情境。这样，学生就可以在一个相对真实的背景下进行学习，这有助于提高他们的学习兴趣和参与度。

（2）确定问题。这是"抛锚"的关键步骤。教师需要在创设的情境中，找到一个与学习内容紧密相连的问题或事件，这将作为学生学习的"锚"。

（3）自主学习。在抛锚式教学中，教师不再是知识的主要传递者，而是学生学习的指导者。他们教授学生如何获得信息，以及如何组织和使用这些信息来解决问题。学生需要培养自主获取信息的能力、安排学习内容的能力，以及应用和评价信息的能力。

（4）合作学习。学生在讨论和交流的过程中，可以了解到不同的观点和思考方式。这不仅能够帮助学生确立自己的观点，还可以增强学生的团队合作和沟通能力。

（5）后果评价。评价是教学的一个重要环节。在抛锚式教学中，教学效果的评价基于学生在创设情境中的具体表现，而不仅仅是考试成绩。

2. 随机访问教学

随机访问教学又称随机进入学习。这种教学方法突破了传统教学模式的限制，为学生提供了更为个性化和灵活的学习方式。传统的教学方法往往强

① 钟丽霞，任泓璇．翻转课堂模式下的大学英语教学改革及创新优化[M]．长春：吉林大学出版社，2019：56.

调基础知识的夯实和技能的训练。这种方式不无好处，但在某些情况下，可能会让学生感觉到枯燥和重复。与之不同的是，随机访问教学的目标是帮助学生多次“接触”相似的内容，从不同的角度、不同的场景中理解和消化知识，从而形成对知识的完善理解。弹性认知理论为随机访问教学提供了理论基础。该理论认为，为了获得深入的理解和有效的转移知识，学生需要从多个角度和情境中探讨相似的内容。随机访问教学要求教育者不仅要设计丰富的学习材料和任务，还要考虑学生反复接触这些内容的时间、场景和目的。

随机访问教学包括以下五个流程。

（1）展示基础情境。任何有效的学习都应从真实、相关的情境开始。为学生展示与当前学习主题相关的情境，可以激发学生的学习兴趣，帮助他们看到学习内容与现实生活的联系。

（2）随时介入学习。传统的教学方法往往是线性和结构化的，而随机访问教学鼓励学生根据自己的兴趣和需要选择学习材料。这种自主选择的过程不仅有助于增强学生的学习动机，还能培养学生的自主学习能力和解决问题的能力。

（3）拓展思维练习。随机访问教学提供的学习材料往往具有一定的复杂性，这为学生提供了丰富的思考机会。教师应该提出有利于拓展学生认知的问题，并与学生进行有深度的互动。此外，了解学生的思想特征和鼓励他们进行发散性思维也是非常重要的。

（4）组内组间合作学习。合作学习是随机访问教学的一个重要环节。教师应该创设一定的情境，鼓励学生进行组内和组间的讨论和合作。这种方法可以帮助学生从不同的角度理解知识，培养他们的沟通和合作能力。同时，教师和学生的观点在这个过程中都会被揭示出来，这能为后续的教学提供有价值的反馈。

（5）学习结果评判。评判是教学活动的重要组成部分。随机访问教学强调的是学生的主观评判和小组评判。这种评判方式可以帮助学生反思自己的学习过程，明确自己的学习目标，同时能提高他们的自我评价能力和批判性思维能力。

（二）社会建构主义流派

20世纪30年代，苏联心理学家维果茨基提出了“最近发展区”理论。最近发展区是指儿童在发展的某个阶段，在有指导的情况下借成人的帮助所达到的解决问题的水平（潜在发展水平），与独立活动中所达到的解决问题的水平（现实发展水平）之间的差距。“最近发展区”理论包括“两个水平”和“三个区域”。

1.“两个水平”

教师在进行教学活动之前需要确定学生发展的“两个水平”。

第一个水平是学生的现有发展水平。它代表了学生目前所掌握的知识、技能，无论是通过先天遗传还是生活经验获得的。这个水平为教师提供了一个清晰的基线，即学生在独立学习和解决问题时的表现。

第二个水平是学生的潜在发展水平，即学生在适当的引导和支持下可能达到的水平。这是一个动态、不断发展的水平。这一水平的了解为教师提供了一个目标，指引他们如何更好地引导和支持学生，以发挥学生的最大潜力。

2.“三个区域”

现有发展区是学生入学时已有的认知水平和技能基础。它是教育的起点，也是教育者需要首先理解和把握的基础。教育者需要深入了解每一个学生的现有发展区，以便更好地设计教学方案。

最近发展区是学生可以通过合适的指导和帮助来达到的认知水平区域。它是一种动态的区域，能够逐步推动学生从他们当前的认知水平向更高的认知水平迈进。在推进过程中，教师的角色尤为重要——教师不仅要提供知识，还要激发学生的兴趣和动机，让他们渴望学习。

未来发展区是一个更加开放和不确定的区域，它代表着学生潜在的发展可能性和未来的认知水平。教师需要有前瞻性的视野，去预见学生可能达到的高度，并且为他们提供一个可以不断探索和挑战自我的环境。

三、认知同化学习流派

美国认知教育心理学家戴维·保罗·奥苏贝尔（David Pawl Ausubel）基于对传统学习理论的批判，提出了认知同化学习理论。奥苏贝尔强调，学习不仅仅是简单地记忆新的信息，而是关于如何将这些新的信息整合到已有的知识体系中。认知同化学习理论的基本观点如下。

（一）学习分类

1. 接受学习和发现学习

根据学习进行的方式，学习可分为接受学习和发现学习。

接受学习是将学生要学习的概念、原理等内容以结论的方式呈现在学生面前，教师传授，学生接受，如讲解教学。

发现学习是指学生要学习的概念、原理等内容不直接呈现，需要学生通过独立思考、探索、发现而获得，如探究学习。

2. 有意义学习和机械学习

依据学习材料与学习者已有知识之间的联系，奥苏贝尔的教育理论将学习分为两种：有意义学习和机械学习。[①]

有意义学习是建立在学习者与新知识之间自然、深层的联系基础上的。在有意义的学习过程中，学习者不是被动地接受知识，而是主动地将新的学习材料与已有的认知结构进行连接。有意义学习的发生是有条件的，包括内部和外部两方面的条件。在内部条件方面，最基础的是学习者要有学习的愿望。这种愿望并不是外在、被动的学习动机，而是一种主动、深入的寻求知识的渴望。除此之外，学习者还需要有一个足够丰富的认知结构作为基础。没有这个基础，新的知识可能就无法与旧的知识产生联系，也就无法被有效地吸收。外部条件则主要与学习材料有关。学习材料要具有逻辑意义，能够与学习者的已有知识产生联系。如果材料是孤立、零散的，那么学习者就很难将其与旧知识联系起来，从而难以实现有意义学习。

① 丰洪才，陆文智．智慧时代高等学校的课堂教学[M]．武汉大学出版社，2020：225.

机械学习，是不加理解、反复背诵的学习，即对学习材料只进行机械识记。

（二）学习动机

奥苏贝尔不仅认同学习动机对学习进程的重要性，而且深度探讨了成就动机这一特殊的动机类型。成就动机可以理解为学生为了提高成绩，实现某种成就而产生的学习动机。根据奥苏贝尔的观点，成就动机主要包括认知驱力、自我增强驱力和附属驱力。

1.认知驱力

认知驱力是学生对于知识的追求和对于问题的探索。这种驱力下的学生不仅对新知识充满了好奇，而且具有很强的解决问题的意愿。为了提高学生的认知驱力，教师需要确保新的学习内容与学生的认知结构之间存在适当的距离，既不太难也不太简单，能够激发学生的兴趣并挑战他们的思维。

2.自我增强驱力

自我增强驱力更多的是与学生的未来目标相关。即学生希望通过学业的优异成绩等优秀表现，为自己未来的职业生涯或某种成就目标打下坚实的基础。

3.附属驱力

附属驱力与社交关系有关。这种驱力来源于学生希望得到他人的认可和肯定，包括同龄人、老师、家长等。学生希望自己在学习中的努力能够被周围的人所看见，并得到他们的夸赞和支持。

（三）组织学习的原则与策略

奥苏贝尔深入地研究了学习过程中知识的组织方式，他明确指出，“应该知道的知识”与“需要知道的知识”之间往往存在一段距离，为了有效地弥补这个距离，他提出了“逐渐分化”与“整合协调”两大组织学习的原则。①

① 汪凤炎，燕良轼，郑红．教育心理学新编[M]．5版．广州：暨南大学出版社，2019：30.

1. “逐渐分化” 原则

“逐渐分化” 的原则强调在学习新知识时，应该先从宏观、概括的角度去认识和理解，然后逐渐深入具体和细节的部分。这种从上而下的演绎方式，不仅更加高效，因为它避免了从众多的细节中归纳出核心概念的过程，而且更易于持久地留存于记忆中。

2. “整合协调” 原则

“整合协调” 的原则要求学生在学习新知识的过程中，不断地与已有的知识进行对比和联系，找出两者之间的相似点和不同点。这种方法有助于学生对新知识进行更深入的理解，并在这个过程中不断地对已有的知识体系进行更新和完善。

为了更好地实施这两大组织学习的原则，奥苏贝尔提出了先行组织者策略。简而言之，这种策略就是在正式教学之前，先为学生提供一些概括性强、内容全面、易于接受的材料，帮助他们更快地进入学习状态，为后续的学习打下坚实的基础。

第二章　英语教师的基本技能

第一节　备课与上课

一、备课

备课是教学活动中的关键环节。在备课环节中，教师需要深入了解学科课程标准和本课程的特色，结合学生的具体情况，制定明确的学习目标。备课之所以被视为决定教学成败的关键，是因为它涉及课堂的所有环节，从内容选择到教学方法，再到互动设计，都需要教师的精心策划和准备。正因如此，备好课被认为是上好课的基石，也是真正提高教育教学质量的关键所在。

（一）备课的原则

备课对于英语教师而言，不只是一种日常工作，更是其专业能力和综合素质的重要体现。备课时，教师需要充分利用自身的英语知识基础、理解和处理教材的能力、了解学生智力和心理发展水平的能力等，选取可行的教学方法，必要时，也可进行自我创新。

英语教学的备课原则如图 2-1 所示。

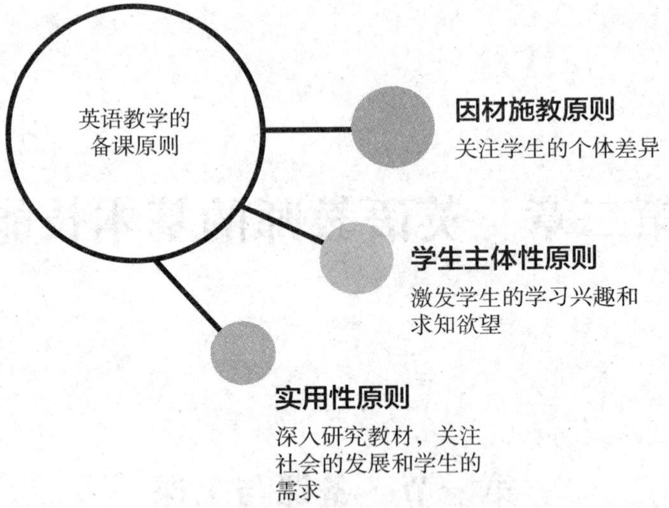

图 2-1　英语教学的备课原则

1. 实用性原则

教学不是一个孤立的过程，而是与社会、学生和教材三者紧密相连的。社会的实际情况为教学提供了背景和语境，学生的实际情况则决定了教学的针对性和深度，而教学的基石就是教材。因此，教师在备课时，不仅要对教材进行深入的研究，还要关注社会的发展和学生的需求。制定教学目标只是教学计划的第一步，关键在于如何将教学目标转化为可操作、实用的教学活动。这就要求教师在授课前深入思考，设计出既能满足教学目标又具有强烈实用性的教学方案。而一个再好的教学目标，如果没有与之相匹配的实用教学活动的支持，也是很难达成的。

2. 学生主体性原则

突出学生的主体地位并不是简单的“学生中心”，而是要充分发挥学生的主动性和积极性，为他们营造一个宽松、和谐的学习氛围。这样的氛围可以激发学生的学习兴趣和求知欲望，帮助他们树立自信心，并获得成就感。尤其在当今的教育环境中，每一个学生都有其独特的个性、需求和潜能，尊重学生的个体差异，为其提供差异化的学习资源和机会，对于培养学生的自主学习能力尤为重要。

研究表明，学生参与课堂教学的方式对其学习结果有重要影响。因此，教师在备课时，除了关注教学内容，还要深入了解学生的学习心理、认知过程和学习方式。在备课过程中，教师应当预设更多的学生语言活动，如角色扮演、小组讨论和学生主导的研究等。这些活动不仅能够激发学生的兴趣，而且能够满足他们的好奇心。动手操作、合作交流、观察讨论等形式，不仅能让学生在实践中学习，还能让他们在合作和交流中培养团队合作精神和沟通能力。这样的教学活动旨在激发学生的求知欲，让他们在探索和实践中找到学习的乐趣，培养他们的自主学习能力。

3. 因材施教原则

“因材施教”是教育的核心思想之一，强调针对学生的能力、性格、兴趣等具体情况实施不同的教育。英语教学在强调全面发展学生综合素质的同时，也关注学生的个体差异。学生在智力因素和非智力因素各方面都存在着很大的差异。例如，有些学生在逻辑思维方面表现出色，但在形象思维方面遇到困难；有些学生擅长语言表达，但在动手能力方面面临挑战。再加上学生的学习基础和社会背景，这些差异可能会进一步放大。所以，教师在教学过程中不能简单地采用一种方法，而期望所有学生都能适应；教师需要时刻考虑到学生的个体差异性，积极运用多种教学方法开展教学，以确保教学活动能够满足不同学生的需要。

（二）备课的形式

备课分为两大类别：个人备课和集体备课。这两种备课形式各有其独特的优势和价值。[①]

个人备课是教师独自进行的备课活动。在此过程中，教师深入研读教材，结合自身的教学经验，对教学内容进行统筹和规划。这种方式的优势在于教师可以根据自己的理解和感悟，制定出符合自己教学风格的教学方案。个人备课为教师提供了充分的自由度，使教师能够充分发挥自己的创意和特长。

---

① 邹礼玉．仰望星空 脚踏实地：高校思想政治理论课魅力课堂的构建[M]. 天津：天津大学出版社，2011：181.

集体备课是学校组织的一种教研活动。这种备课方式的核心在于集体研讨。备课组成员共同研读课程标准和教材，分析学情，制订教学计划，审定备课提纲等。在这种模式中，主备课人负责提出教学难点和突破方法，预测学生可能遇到的问题，并为此提出解决方案；其他备课组成员则根据教学内容和学情，提供自己的观点和建议。集体备课的最大优势在于可以整合众人的智慧，共同找到教学的重难点，从而提高整体的教学质量。这种方式有利于资源共享和交流，可以避免教师重复备课，从而提高工作效率。对于年轻教师来说，集体备课为他们提供了学习和成长的机会，使他们可以从中获得宝贵的教学经验。但是，集体备课有时会出现备课过程中过于注重形式而忽视实质的情况。为了避免这种情况，备课组可制定备课行为规范，鼓励教师真实表达自己的观点。

二、上课

每一堂课背后，都凝结了教师的心血。教师的教学智慧、创意和专业能力都能在课堂上得到直接的体现。而且，每一位真正的教育工作者都明白，优质的教育并不是一成不变的，而是需要不断地创新、反思和完善。因此，如何上好课，如何持续上好课，是每位教师都应该认真思索的。

（一）把握英语教学的特点

教师在开展英语教学时，应把握住英语教学的特点。

1. 激发学生的学习兴趣

学生学习的动机并不总是十分明确。在成长的过程中，兴趣往往成为他们追求学习的主要动力。可以说，对于学生来说，兴趣和学习之间的联系十分紧密。心理学研究揭示了一个有趣的现象：学生的学习兴趣是在学习的过程中逐渐形成的。当学生经常体验到学习的乐趣、多次获得成功的满足时，他们的学习兴趣便会逐渐加深。这种兴趣不是短暂的，而是一种比较稳定的动机和求知欲望。教育学的角度也证实了这一点。当教育能够引起学生的兴趣时，学生在学习中的表现会更加出色。他们会更加集中注意力，感知、记忆、思维和想象能力也会得到显著提高。这样，学生所获得的知识和技能不仅程度更高，而且更为牢固。

在英语教学中，教师应努力唤起学生的求知欲望，激发学生的学习兴趣：第一，为学生创造更多能够体验到学习乐趣和成功的机会，如设计有趣的课堂活动，为学生提供充分的反馈。第二，从符合学生年龄特点的角度出发，在教学中运用与他们的认知规律和心理特征相符的教学方法。第三，教学内容贴近学生的实际生活，这样他们更容易理解和记忆。

2. 开展丰富的课堂教学活动

活动在学生的认知情感和个性行为形成中具有不可替代的作用。在活动中，学生不仅可以提升学习兴趣、锻炼语言能力，还能培养团队合作精神、提高创造力和解决问题的能力。

在英语教学活动中，教师不仅是指导者，还是参与者。教师可通过设计、组织、参与各种活动，如说唱、猜谜、传话、表演、竞赛等，吸引学生的注意力，让他们在轻松愉快的环境中感受学习英语的乐趣。

在活动过程中，教师需要时刻关注每一个学生的学习情况，尤其是那些基础较薄弱的学生。对于这些学生，教师应该表现出更多的耐心、关心和爱心，多鼓励他们，帮助他们建立学英语的信心。

3. 运用情境

学生对新鲜事物充满好奇，其对于学习的态度往往取决于学习的内容是否有足够的吸引力。在英语教学中，如果教师能够激发学生的兴趣，那么学生的学习效果必然会得到很大的提高。教师要激发学生学习的兴趣，就需要精心设计教学活动，并使活动情境化，让学生在交际中运用英语。

英语学习的一个重要特点就是它离不开实际情境。比如在教学购物情境下的一些表达时，如果教师只是单纯地教授词汇和句型，那么学生可能很快就会感到乏味。但如果教师能够设计一次模拟购物的活动，让学生在实际情境中使用英语进行交流，那么学生不仅能够更加深入地理解和记忆知识，还能体验到学习英语的乐趣。情境教学为学生提供了一个真实的语言环境，让他们可以通过视觉、听觉等多种感官去体验和学习英语。这样的教学方式不仅能够增强学生的记忆效果，还能提高教学效率。

（二）正确处理师生关系

正确处理师生关系是英语教学中的重要内容，关系到学生的英语学习效果和教师教学的质量。

1. 尊重学生的主体地位，发挥教师的主导作用

教学不仅是教师传授知识的过程，而且是师生交往互动、共同发展的过程。教师是学习的引导者和组织者，要充分发挥自己的专业素养和教育经验，为学生创设一个良好的学习环境，使其能够在学习中不断进步。在教学中，低年级学生和学习基础较差的学生，需要教师给予更多的支持和引导。

强调教师的主导作用并不意味着忽视学生的主体地位。学生是学习的主体，应该在学习中发挥主动性和创造性。学生不应该仅仅是知识的被动接受者，而应该是积极的参与者和创造者。他们需要有足够的机会参与到英语活动中，通过自主探究和合作交流，真正理解和掌握英语知识和技能。教师应尊重学生的主体地位，为学生设计较多的参与活动。

2. 教学的设计要满足学生的需要

教学的核心是学生，学校、教师、课程都是为了服务学生而存在的。因此，教学的设计和组织都应该围绕学生的需求来展开。教师应该时刻关注学生的学习状态和需求，确保教学内容和方法与学生的实际情况相匹配。同时，教师应该为学生提供充分的机会参与到英语活动中，帮助他们在实践中获得广泛的英语活动经验。只有当学生真正接触到英语的运用时，他们才能够深入理解和掌握所学的知识和技能。

3. 因材施教，建立新型师生关系

教师在授课时要关注学生的个体差异。尊重学生的个体差异并不是要为每一个学生定制一个完全不同的教学方案，而是要在设计课程时充分考虑到这些差异，并尽可能满足不同学生的不同学习需要。

因材施教要求教师从传统的权威角色转变为学生学习的合作者、引导者和参与者。在这个过程中，教学不再是单方面的知识传递，而是一个师生交往、共同发展的互动过程。而交往意味着人人参与，意味着平等对话。这种新型的师生关系，有利于师生间的深入了解，进而有利于实现更好的教学效果。

（三）把握英语教学的各个环节

一堂好课并不完全取决于教师的讲解有多精彩，而更在于学生能在教师的引导下如何参与、体验和学习。在每一堂英语课中，教师都应当努力为学生提供一个充满活力、鼓励探索和互动的学习环境。从新课的导入、知识的讲授，到新句型及对话的呈现，每一个环节都需要教师细致地计划和设计。为了使学生从课程的开始到结束都保持高涨的学习热情，教师需要不断地观察学生的反应，关注他们参与活动的态度，以及他们参与活动的广度和深度。

英语教学的主要环节如图 2-2 所示。

图 2-2 英语教学的主要环节

1. 课前热身

课前热身，顾名思义，就是为课程的正式开始做一个简短而有趣的预热，其目的在于引导学生进入学习的状态，调动学生的学习兴趣和热情。学生在经历了一个短暂的课间休息后，很可能会带着分散的注意力回到课堂，这时，一个或温馨或紧张的课前热身能够帮助学生迅速调整情绪，重新集中注意力。无论是欢快的每周一歌，充满信息量的值日报告，还是紧贴时事的每日新闻，简短的英语游戏，都能够使学生在快乐中重回学习的轨道。

2. 新课导入

新课导入是教师展开新知识点教学前的一个关键步骤。它是教师在传授新的教学内容时，通过建立与教学有关的情境，将学生带入新知识准备状态的一种教学行为。教师在进行新课导入时，应该注重创新，避免每次都使用同样的方法。例如，除了讲故事之外，教师还可以采用角色扮演、实地考察、互动问答等多种方式，来使学生保持高度专注。

3. 新知呈现

新知呈现指的是教师巧妙地运用各种教学手段向学生传授新知识。在英语教学中，呈现新知识的方法主要包括以下几种。

（1）直观展示。直观展示是指教师通过实物、图片、卡片或简笔画等方式，将教学内容形象、生动地展示给学生，让学生能够通过直观的感受来理解和记忆新知识。例如，当教师需要教授方位介词如 on、in、under、behind 时，仅仅告诉学生它们的汉语意思是远远不够的，甚至可能会导致学生对这些词汇的误解。而如果教师能够使用一个色彩鲜明的大纸盒和一个与其在视觉上呈现对比关系的小球，不断变换它们之间的空间位置关系，让学生直观地看到和体验这些介词的实际用法和区别，那么学生就能够在短时间内准确、深刻地掌握这些知识点。此外，直观展示不仅能帮助学生更好地理解和记忆新知识，还能激发学生的学习兴趣和好奇心。当教材中的抽象知识通过具体的物品或图片变得形象、生动时，学生自然会产生更大的好奇心和探索欲，从而更加积极地投入学习。

（2）多媒体呈现。多媒体教学可以帮助学生更加直观、形象地理解和掌握新知识。例如，教师在教授颜色类单词时，仅通过口头讲解或使用纸质教材通常难以激发学生的兴趣。而如果教师能够使用动画制作出可说话的太阳、帽子、纸张、蜡笔、裙子、花朵和树木等形象，则不仅可以吸引学生的注意力，还可以使抽象的词汇变得生动起来。这种多媒体呈现方式的优势在于它结合了真实的内容与强烈的表现力，可以提高学生的学习积极性，并且简化教学过程，使学生更容易理解和掌握新知识。比如在太阳说出“I'm the sun. I'm red.”之后，学生不仅能够学到 sun 和 red 这两个单词，还能直接看到太阳的红色形象，增强记忆。其他颜色的事物可通过“What color ? ”句型互相提问，来帮助学生巩固颜色词汇和相关句型，使学生学会在真实场景中运用这些知识。

（3）录音呈现。听是语言学习的重要途径。通过播放录音，学生可以更加深入地理解和掌握语言的发音、节奏和语调。录音呈现的优势在于，它可以为学生提供一个纯净的语言环境，让学生全心投入听的过程，不受外界干扰。此外，学生还可以反复听录音、反复练习，直到完全掌握所学内容。教师在教授一个新的句型或短语时，可以先播放相关录音，让学生仔细听，并尝试模仿发音和语调。然后，教师可以组织学生进行口头练习或角色扮演活动，使学生在实践中进一步巩固所学内容。

4. 巩固新知

在英语学习中，对单词的音、形、义的全面掌握是至关重要的。当学生在初始阶段已基本掌握了单词的读音之后，教师应当迅速过渡到强化音、形、义三方面的联系。在此阶段，教师可以使用实物、卡片或教学课件再次呈现所学的知识。

5. 交际实践

基础教育阶段的教学目标在于使学生掌握一定的英语基础知识和听、说、读、写技能，形成一定的综合语言运用能力。为了达到这一目标，仅仅进行语法和词汇的教学显然是不够的。研究表明，学生参与课堂活动的程度与其英语的熟练程度呈正相关。也就是说，一个真实、生动的教学环境可以提高学生的英语水平。因此，在英语教学中，无论是在新知识的呈现阶段还是在知识的巩固操练阶段，教师都要为学生创设真实的情境，让学生有机会实际使用英语进行交际。这样的情境式教学法可以帮助学生真正体会到语言的魅力和功能。在开放、和谐、积极的语言环境中，学生不再是被动的接受者，而是成为主动的参与者。他们在真实的情境中与他人互动，通过语言分享信息，表达情感，解决问题。当然，情境式教学法并不一定要创设复杂的场景或者进行大量的布置。教师也可以利用多媒体设备，结合文字、声音和图像，创设简单而又生动的教学情境，来帮助学生训练当堂课所学习的语言知识。

6. 布置作业

课后作业是课堂教学的延伸。它可以帮助学生巩固知识、形成能力、培养学习习惯。然而，传统的作业形式，例如抄写单词和句子，往往被视为乏味和枯燥的。这种作业形式很少引起学生的兴趣，往往不能达到预期的学习效果。

在教学方法快速发展的今天，教师需要思考如何更好地设计作业，以激发学生的兴趣并有效地培养他们的能力。例如，教师可以采取“听说为主，书写为辅”的方法，即鼓励学生通过听、说的方式学习语言。这种方法更加贴近日常生活中的实际应用，有助于学生更好地吸收和应用所学知识。教师可以为学生提供与课堂内容相关的录音材料，让学生回家后反复听、反复模仿，并注意语音、语调和语速，以实现地道口语的练习。除此之外，为了解决学生对长时间写单词缺乏兴趣的问题，教师可以尝试更有创意的作业形式。例如，学习有关身体部位、学习用品、动物、食物或家庭成员的单词时，教师可以让学生用图画的方式表示这些概念，并标注相应的单词。对于高年级甚至大学的学生，教师可以布置查找英文资料、阅读英文文献等方式的作业，来拓宽学生的视野、提升学生的实际英文水平。

第二节　说课与听课

一、说课

说课，顾名思义，就是教师“说”自己的“课”。教师会在特定的场合，例如面对评课的评委、与同行交流或向教研人员展示时，在充分备课的基础上，系统地口头表述自己对某节课或某单元的教学设计及其背后的理论依据。通常情况下，这样的表述时间有 10 到 15 分钟。这段短暂的时间，要求教师能够集中、简约而又充分地展现自己的教学理念和设计思路。说课形式成功地将备课、上课和议课融为一体，形成了一种教学理论与实践相结合的教学表达方式。

（一）说课的内容

在说课开始前，教师通常会进行自我介绍，并对本次说课的课题，以及该课题出自哪个版本的教材、供哪个年级使用、处于教材中的第几单元第几课时进行简单的说明。说课的内容可分为以下几个部分。

1. 说教材

随着互联网技术和通信技术的发展，教师拥有了前所未有的海量资源，如在线视频、数字资料、虚拟实验室等，这些都为教学提供了丰富的补充。然而，尽管这种变革正在改变教育的面貌，教材的作用依然是不容忽视的。教材不仅是教学的基本支柱，而且是连接教师和学生的桥梁，为他们提供了共同的知识基础。对英语教师而言，想要取得良好的教学效果，就需要对所使用的教材有深入、细致的了解。这也正是说课首先要求教师说教材的主要原因。

（1）说教材的作用。教师在认真钻研课程标准及教材内容的基础上，说明课程标准对课题的要求，以及该课题与前后学习内容的内在联系，包括：本课教学内容是在学生学了哪部分知识基础上进行的；它是前面所学的哪些知识的应用与延伸，又是后面学习哪些知识的基础；它在整个知识系统中所处的地位如何；它在学生的知识与技能形成、情感态度与价值观塑造方面能发挥哪些作用，对学生将来的学习会有什么影响；等等。

（2）说课题的教学目标。在教育教学中，教学目标具有至关重要的作用。它不仅是指引教学方向的指南针，而且能在日常的课堂活动中，起到宏观的调控效果。教学目标并不是简单的、片面的。它包括认知目标、技能目标和情感目标。教师要根据教学单元的总体教学目标和要求，再结合学生的实际水平，来确定这些目标。单元的总体教学目标可以是宽泛的，但每节课的教学目标需要具体到与本课内容相关的知识或技能，即本节课的教学要重点解决什么问题（知识和能力方面）、达到什么样的要求。

教学目标需要具备科学性、可操作性和针对性。其中，科学性指的是教学目标要符合课程标准的基本要求，与教材内容对齐，并且考虑到学生的实际情况。可操作性指的是教学目标要明确、具体，从而可以直接用来指导、评估和检查该课的教学。针对性指的是教学目标要针对特定的课程内容，而不是笼统而言或缺乏具体性。

（3）说教学的重、难点。教学的重、难点以及确定重、难点的依据，是教师在说课过程中需要提及的。教学重点是教材中核心的内容，这些知识点在整个课程或学科中占据了重要地位。同时，教学重点通常也体现了某些知识点的内在联系和实际应用价值。教学重点的确定通常基于课程标准、教材内容，以及学生的先前知识和年龄特性。教学难点则是那些学生在学习过程中可能感到困惑、难以掌握的知识点。对于教学难点，教师需要在课堂上特别强调，可能会通过多种方法来解释或与学生讨论。确定难点的依据与确定重点的方式略有不同，它更多地涉及学生的实际反应和需求。有些难点之所以存在，多是因为该知识点本身非常抽象或复杂，或因为这些知识点与学生的日常生活相距甚远。

有时，一个知识点既是重点也是难点。在这种情况下，教师需要确保在强调其重要性的同时，采取策略帮助学生克服难点。如果难点并不是教材内容的核心部分，教师在教学时就需要做出选择，明确重点和难点的突破方法和分配时间。

2. 说学情

学情是学生的年龄特征、学习风格及已有知识和经验等方面情况的总和。学情通常包含两个方面：一方面是学生的起点知识技能和生活经验；另一方面是学生一般特点与学习风格的差异。

（1）学生的起点知识技能和生活经验。每一个学生都是独特的。在进入课堂之前，他们已经在生活中积累了一定的知识、技能和经验。这就像他们手中的“工具包”，将为他们在学习新知识时提供帮助。如果教师能够了解这一“工具包”的内容，那么教师可以为学生选择更合适的教学方法，使学生的学习变得更加轻松。例如，如果一个学生已经对某一领域有了基本的了解，那么教师可以使用更高级的示例或案例来帮助他扩展知识，而不是重新介绍基础知识。这种由旧知到新知的迁移，为学生提供了一个熟悉的起点，使学习过程更为顺畅。

（2）学生一般特点与学习风格的差异。不同年龄的学生有不同的认知水平和规律，而每个学生也会有自己的性格、气质和学习方式。有的学生更喜欢独立思考，而有的学生则更倾向于小组讨论。对于教师来说，理解这些差异并据此调整教学策略是非常重要的。这不只是为了提高教学效果，更是为了促进学生的个性发展和群体能力的提升。

3. 说教学方法

教学方法，从广义上来说，是为了实现特定的教学目标而在教学过程中被教师和学生采纳的方法、方式和手段。它不仅包括教师的教导方式，还涵盖了学生的学习策略。为了确保教学目标的达成，选择适当的教法与学法显得尤为重要。

（1）说教法。教师需要阐明在教学过程中所选择的教学策略、工具及其背后的理论基础，并描述如何采用特定措施来培养学生的能力。此外，教师还应明确如何在教学中发挥主导作用，如何正确平衡教与学、理论与实践的关系，并详述使用哪些教学工具及预期效果。

（2）说学法。教师需要阐明在教学过程中向学生传授哪些学习策略以及选择该策略的原因。此外，教师还应阐明如何在课堂上为学生提供这些学习策略的指导，如何融入日常教学，如何激发学生的学习热情，如何激发他们的积极参与，以及如何提高学生的综合英语能力。

4. 说教学程序

作为教师的教学理念、思想方法、策略和技术的具体体现，教学过程揭示了教师如何将自己的理念转化为实际的行动，从而影响学生的学习过程。对教学程序的分析能在一定程度上反映出教师的教学风格、教学思想。

（1）说教学思路。教师需要阐明如何把握教材、处理教材，采用怎样的教学方法与手段组织教学，以及各环节的顺序安排及内部结构。教师在阐述教学思路的过程中，要注意语言简洁、逻辑清晰。

（2）说教学流程。在这一部分，教师要围绕教学设计思路，阐述以下内容：各个环节具体的教与学活动安排及其理论依据；在教学过程中怎样突出重点和突破难点；在什么时候、什么地方，采用哪些教学手段辅助教学。

（3）说练习。练习是教学的一部分，能够帮助学生更好地理解知识，实现从理论掌握到实践掌握的转变。对于任何一门课来说，针对重点和难点部分进行恰当的练习设计都是至关重要的。在说练习部分，教师应讲明本节课设计了哪些练习在课堂上让学生操练，以及课后会布置何种类型的作业让学生巩固所学知识。

（4）说板书设计。一个高效的板书设计不仅能使教学内容更加直观，还能够反映出教师的教学风格和整体素质。教师在说板书设计时，说明板书设计的构思与教学内容的逻辑关系是非常重要的。教师不仅要说明本节课板书怎样设计，还要说明设计的意图及所能达到的效果。

（二）说课的准备工作

1. 知识准备

一节好的课程不仅仅是将教材内容简单地传递给学生，更是要教给学生学习的方法、思考的途径，激发他们的探索欲望。而要做到这一点，教师本身要拥有足够丰富的知识储备。说课，就是教师将即将上的课的内容进行系统的演绎和呈现，以检验教学的合理性和完整性。在此之前，知识准备是至关重要的步骤。此处的知识主要是指教学大纲、教材知识以及其他相关的知识。

在当今日新月异的社会里，知识的更迭速度飞快。为了跟上时代发展的步伐，教师需要不断地涉猎相关学科的知识，扩展自己的知识视野。因此，扩展知识视野也是知识准备中的重要内容。

2. 理论准备

说课与课堂讲课之间存在明显的差异。说课是一种更偏重理论的教学活动——它强调教学内容、教学过程的设计和教学方法的运用，而这些都需要在一定的理论框架内进行。对于教师来说，在说课前的准备阶段，对相关的教育学、心理学、教育心理学、学科教学法等理论知识进行深入学习和研究是至关重要的。这些理论知识不仅能为教师提供一种对教学内容和过程的系统性认识，而且能帮助教师从更宏观、更深入的层面去理解和探索教育的实质和目标。

3. 技术准备

（1）明确说课的内容和要求。在说课前，教师要明确自己要传达的核心信息。这主要包括三个问题：我要教什么；我怎么教；为什么这样教。这三个问题是说课的核心，可以帮助教师明确教学的目标、方法和理念，确保说课的内容既系统又完整。

（2）掌握说课的技巧。说课不仅是教师对教学内容的讲解，而且是教师对教学思想、教学方法和教学行为的展示。教师应该展示出与时俱进的教学理念和方法。此外，教师在说课时的表达也非常重要，如口齿清晰、语言流畅和条理清晰等，这些都是决定说课成功与否的关键因素。

（3）准备说课所需的教具。适当的教具可以为说课增加更多的直观性和生动性。教师在说课时展示相关的教具，可以帮助听众更好地理解和领会教师的教学意图和内容。

4. 心理准备

说课被视为提高教师素质、提高教学质量的有效手段。教师一旦认识到说课的重要性，就会更加注重对现代教育理论的学习和研究。说课前，教师需要对相关内容有深入的掌握，并提前做好充分的准备。深入的准备过程能够使教师在说课时更加自信，从容地面对各种可能出现的情况。同时，教师要准确评估自己的实力，以确保自己的能力得到最大的展现。说课的特殊性在于其是在没有学生参与的情况下进行的。这意味着所有的展示和演示都依赖于教师自己。教师在说课过程中可能会出现一些意料之外的情况或纰漏。当挑战出现时，教师需要具备出色的心理调节能力，迅速稳定情绪，巧妙地加以弥补。

（三）说课的原则

1. 科学性原则

科学性原则要求教师在说课过程中做到以下几点。

（1）正确、透彻地分析教材。教师不仅要深入研读教材，还要挖掘其深层含义。这意味着，教师需要清晰地理解教材知识点的内涵和外延。此外，弄清楚教材内容在整个学科或年级中的地位与作用也是不可或缺的。只有深入理解各知识点之间的关系，教师才能帮助学生构建一个完整、系统的知识框架。

（2）客观、准确地分析学情。教师需客观、准确地了解学生学习该课的知识基础，以及可能遇到的难题。这样的了解可以为教师制定教学策略提供依据，确保教学过程中能够有针对性地解决问题，从而达到良好的教学效果。

（3）科学设定教学目标。教师在确定教学目标时，既要参考课程标准，也要考虑教材内容。但更为重要的是，教师要考虑到学生的实际情况。每个学生都是独特的，不同学生的学习背景、知识基础和需求各不相同。因此，教学目标的设定不仅要广泛，还要具备一定的针对性。只有明确并实现了这些目标，教学才能真正发挥其作用。

（4）选择恰当的教学方法。每部分课程的内容都有其独特之处，涉及的重点和难点也会有所不同。因此，教师需根据课程的特点以及学科的性质，选择合适的、操作性强的教学方法。

2. 理论联系实际原则

教师在说课过程中要注重“理”，即在描述其教学构想时要展现出明确的理论基础和条理逻辑性。教育的理论是广泛的，涵盖了从学生心理发展到教学方法的各个方面。但这些理论，如果不能与教室中的实际情况相结合，其价值将大打折扣。在说课活动中，教师需要详细描述如何将教育理论融入具体的教学过程，这不仅能够增加说课的科学性，而且可以提高其可行性和可信度。只有将理论与实践相结合，才能确保所采取的教学方法和策略真正适合学生和课堂。

3. 实效性原则

教育的目标是促进学生的学习和发展。因此，说课不应只是为了完成某个流程或仪式。说课的内容应该紧密围绕实际教学的需要，具有针对性。教师需要系统地、有针对性地准备，对课程标准和教材进行深入研究，分析学生的实际情况，以确保说课的内容真正适应学生的需求。同时，说课稿应清晰、有逻辑、有依据、重点突出。这不仅可以帮助听课者更好地理解教师的思路，还可以确保说课内容的连贯性和完整性。此外，说课应当避免过于理论化、空泛，否则很容易陷入“纸上谈兵”的境地。说课的目的是实际的教学服务，因此，每一点建议、每一个方案，都应当可以在真实的课堂中实施。

4. 创新原则

在当代的教育环境中，教师所承担的任务不仅仅是传递知识，更关键的是如何使教学过程成为一次启发性的旅程，促进学生的创新思维和能力的发展。在说课的过程中，教师有责任体现教育新理念，将其融入教学环节。对于教师来说，只有不断更新自己的教学方法、形式、结构和手段，才能确保与时俱进，保持教学的活力和效果。说课不仅是对教学内容的呈现，而且是对教学方法和原则的展示。教师需要在此过程中展现出对教材的创造性使用，以及如何通过不同的教学策略来激发学生的创新意识和能力。

二、听课

（一）听课的类型

听课的类型如图 2–3 所示。

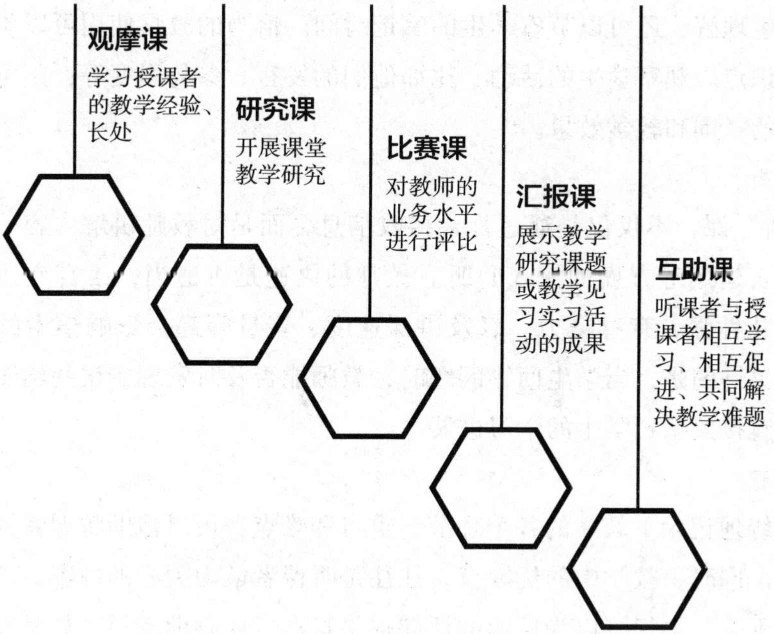

图 2–3　听课的类型

观摩课：听课旨在学习授课者的教学经验、长处。

研究课：以课堂教学研究为目的的公开课。一般研究的内容是教材、教法、教学理念。

比赛课：听课旨在对教师的业务水平进行评比。

汇报课：以展示教学研究课题或教学见习实习活动成果为目的的公开课。

互助课：听课旨在参与课堂互助，与授课者一起解决教学难题。

（二）听课的方法

随着时代的进步，教学方法和形式也正在经历深刻的转变。简单的“听”课方式，似乎已经不能满足现代教育的需求。而真正高效的听课方式，应该是“看”“听”和“记”的融合。

1. 看

“看”指的是对教学场景中的各个元素进行观察，主要包括教师的教态、板书、教具以及学生的活动。对于教师而言，自然、大方的教态可以更好地与学生建立连接，使学生更加容易接受知识。清晰、得体的板书不仅有助于学生理解，还可以节省学生的笔记时间。恰当的教具使用可以更直观地展示知识点。观察学生的活动，比如他们的发言、参与程度等，则可以反映出课堂的氛围和教学效果。

2. 听

“听”课，不仅仅是通过耳朵接收信息，而是对教师讲解内容、提问方式、语言运用等方面的深入聆听。教师的语速是否适当，语言表达是否准确、趣味性强、有感染力，以及讲课速度、音量等都会影响学生的听课效果。更关键的是，当学生回答问题时，教师能否及时发现错误并给予准确的反馈，直接关系到学生的学习进展。

3. 记

系统地记录下教学的各个环节、重点和难点，可以帮助听课者回顾和加深理解。同时，教学中的优缺点，往往是听课者最为关心的内容。将这些内容记录下来，不仅可以为后续的评课提供材料，还有助于帮助教师发现并改进自身的不足。

（三）听课需要注意的事项

（1）时间观念在听课中尤为重要。听课者应该与学生一样，按时进入教室，并在整节课结束之前不提前离场。这既是对正在讲课的教师的尊重，也是确保自己能够完整地听完整节课程，从而进行客观评价的基础。同时，座位的选择也很关键。听课者应选择不会干扰学生和教师的位置，这样既可以保证自己的听课效果，又不会影响到其他人。

（2）听课过程中的行为是听课者需要特别注意的。听课者需要全神贯注，认真地听、看并思考。因此，进行与听课无关的活动，如与其他听课者交谈、查看手机等，都是不应当的。这样不仅会影响到自己的听课效果，还可能打扰到教师和学生。

（3）听课者在课堂中不应该替代任课教师的角色。不论学生在课堂练习中出现何种问题，听课者都不应当干预，即使是出于好意。教师对学生的引导和纠正是有计划和策略的，听课者的干预可能会打乱教师的教学节奏，造成混乱。

（4）听课笔记是听课者获取知识和经验的重要载体。因此，听课者听课后应对笔记进行整理、总结和深入思考，从中总结出规律性的东西。这不仅能够帮助听课者巩固所学，还可以提高其教学水平。

第三节　评课与教学反思

一、评课

备课、上课、评课是教学的三大核心环节，相互关联。备课是教学的起点，在备课环节，教师为上课做充分的准备；上课是教学的主体，在上课环节，教师将准备的内容有效地传递给学生；评课则是教学的反馈，在评课环节，教师会对整个教学过程进行反思和总结。对评课来说，一方面，评课是教师的自主行为，教师需要对自己的课堂进行自我反思和总结，这种自评不仅能帮助教师明确教学中的亮点和不足，还能为下一次备课提供方向；另一方面，评课也是一种教研活动，与听课、说课同样重要，教师可以通过参与评课活动，与同行进行教学经验的交流，探讨更有效的教学方法。

（一）评课的重要性

1. 有利于提高课堂教学质量

学校的主要任务是教学，而教学的中心自然是课堂。这意味着，如果想要提高学生的学习效果，就需要关注和优化课堂教学。而评课正是优化课堂教学的重要工具。教师可以通过评课，针对自己的教学方法、策略和技巧进行反思和修正，从而不断地提高教学的效果和质量。

2. 有助于课堂教学改革与创新

随着时代的发展、科技的进步和教学理论研究的深入，课堂教学也在不断地改革与创新。通过评课可以了解到教师对新教学理念的掌握程度，以及学生学习方式的转变情况。同时，评课也能为教师提供一个清晰的反馈，帮助他们发现与时代需求之间的差距，从而更有针对性地进行课堂教学改革与创新。

3. 有助于教师素质的全面提高

每一次的评课都是对教师教学方法的一次检验。通过评课，教师可以及时地了解自己在教学中存在的优点和不足，从而有针对性地进行调整和完善。评课还能帮助教师总结出先进的教学经验，明确自己努力的方向，从而全面提高自己的教学水平。

（二）评课的主要内容

评课的内容主要涉及两个方面，即教师“教”的方面与学生“学”的方面。

1. 教师“教”的方面

（1）评教学目标。教学目标是教学过程的出发点，也是教学过程的归宿。一个好的教学目标不仅要明确，还要准确。明确意味着课程的教学内容和方法等所导向的教学目标是清晰的，包括知识、技能、情感、态度、价值观等方面。准确则要求教学目标与教学大纲、学生的年龄、认知规律以及课程难易程度等相匹配。

（2）评教材的把握与处理。这方面的内容包括评教材的体系和知识点把握得是否精确、教学重点是否突出、难点是否突破、基本功的重点训练项目是否落实、学生是否已掌握、课堂容量是否合理适当等。一位优秀的教师应该对教材有深入的了解，能够根据学生的实际情况适时调整教学重点，使难点得到有效突破。

（3）评教学方法。在评教学方法时，首先要考虑的是教师采用的教学方法是否符合学生的年龄特征、思维特点和认知规律。此外，现代化的教学手段，如投影仪、电脑、多媒体等，为教学提供了强大的辅助工具。这些工具不仅可以使教学内容更为生动形象，还可以增加学生的学习兴趣。所以评教学方法时，还需要关注教师是否能够熟练、恰当地运用这些现代化教育手段，使其真正服务于教学。

（4）评教学程序。教学程序的评估主要从两个方面进行：教学思路和课堂教学组织。

教学思路不仅要与教学内容相匹配，符合学生的实际需求和接受能力，而且要脉络清晰、具备独创性。

在课堂教学组织方面，良好的教学组织能确保课堂的流畅进行，使学生始终保持对教学内容的关注。课堂的教学环节应该有序、连贯，一步紧随一步，确保教学内容的连续性。如果教学组织做得严密、紧凑，那么可以确保学生的注意力始终集中在课堂教学上，从而充分利用有限的教学时间。

（5）评教师的基本功。这方面的内容具体包括评板书、评教态、评语言、评专业功底与知识面。

评板书：好的板书应该具备设计科学合理，条理性强，书写清晰、美观、流畅等特点。

评教态：在课堂上，教师的仪表和行为会直接影响学生的学习意愿和态度。因此，教师应该做到仪表端庄、举止从容、态度热情，为学生创造一个轻松、积极的学习氛围，使学生更加愿意投入学习。

评语言：教师的语言应该是准确、清晰的，尤其是发音的标准性。对于低年级的学生来说，教师的语言还应当是生动、形象的，能够引发学生的兴趣和好奇心。此外，语调、速度、抑扬顿挫都需要教师根据教学内容和学生的接受能力适时调整。

评专业功底与知识面：只有拥有过硬的专业功底，教师才能科学地设计课堂，准确、高效地传授知识。广阔的知识面使教师能够在教学中引入更多的相关知识，这不仅可以丰富教学内容，还可以拓宽学生的视野。

2. 学生“学”的方面

课堂教学是师生的双边活动。在课堂教学中，教师的主导作用对学生的积极性、参与性、学习效果有很大的影响。一般而言，教师的主导作用发挥得越好，学生的学习积极性、主动性就越高，学习效果也就越理想。

（1）评学生的课堂积极性。学生是否在课堂上展现出热情和积极性，对于教师的授课内容和方法产生兴趣，是评学生课堂积极性的重要内容。一个成功的课堂氛围应该是既活跃又严谨的。学生应该在积极的学习氛围中，手、脑、眼协调并用，全身心投入紧张的学习。

（2）评学生的参与度。这方面的内容主要包括：在教学目标和要求的框架下，学生的个性是否得到了充分的体现；好、中、差三种学生是否在课堂上找到自己的位置，得到不同程度的训练和提高。

（3）评学生的学习效果。这方面的内容主要包括：学生思维是否活跃，态度是否积极，学习效率是否高；学生受益面是否大，不同程度的学生在原有基础上是否都有进步，知识、能力、思想情操目标是否达成。

（4）学生的学习负担是否合理，也是评价的重要方面。在课堂时间里，学生应该感到学习是轻松、愉快的，有较高的学习积极性，而所有的课堂问题都能得到及时的解答。

（三）评课的注意事项

1. 充分准备

任何评价活动都要求评价者具备一定的知识和经验。对于评课来说，它不仅意味着听课，还要求评课者对课堂内容有深入的了解和细致的分析。只有评课者认真地听课，并对课堂内容做出详细的笔记，才有可能在评课时提供有深度的见解。评课的目的不仅仅是给出评价，更重要的是提供建设性的意见。因此，不做足够的准备将导致评价的表面化和无效。

2. 要有理论高度

对于有着丰富教学经验的教师来说，对教育教学理论的掌握程度是衡量其教学水平的一个重要依据。评课者要能够运用教育教学理论对教学设计方法进行深入的分析，从而使理论真正发挥出指导教学实践的作用。

3. 突出重点，要有针对性

评课应突出重点，根据不同的课型和对象进行有针对性的评价。例如，对于年轻的、初上讲台的教师，评课应该重点放在教法的指导上，帮助他们积累宝贵的教学经验；而对于经验丰富的老教师，评课则应侧重于现代教育理论，帮助他们更新观念、提高教学水平。

4. 客观公正

评课的最终目的是帮助授课教师提高教学水平，而不是简单地指出其教学中的疏漏。因此，评课者的评价应当是客观公正的。一个好的评课者不会因为自己的主观情感而评价，而是能够明确地指出教师在教学中的优点和缺点。评课者的评价应该具有激励性，鼓励教师勇于创新、潜心教改。

二、教学反思

教学反思是一个深入思考的过程，涉及对教育教学活动的回顾和分析，以及对背后的理论和假设的探讨。教师通过这种自省的方式，可以更好地认识和理解自己在教学实践中的行为及其背后的原因。在英语教学中，每一堂课、每一个学生、每一次互动、每一个问题都有其特殊性。这种多样性和复杂性使教育教学成为一个富有挑战性的领域。正因如此，教师需要一个机制来回顾和评估自己的教学实践，以确保所采取的策略和方法是有效的，并在必要时进行调整。这就是教学反思的价值所在。

当教师对自己的教学实践进行反思时，他们可能会发现某些策略在某些情境下不太适用，或者某些假设不完全准确。这种认识有助于教师更加明智地选择策略和方法。教学反思不仅是对教学实践的回顾，还涉及对教育教学理论的探索。教师可能会重新评估和考虑那些被认为是“最佳实践”的理论和策略，从而更好地为学生服务。

反思可以使教师摆脱固有的思维模式，打破既定的规则和界限，从而实现真正的创新。教学反思是教师与自己内心深处的对话。这种对话能够帮助教师更加明确自己的价值观和信仰，更加坚定地选择自己的教学实践之路。

（一）教学反思的类型

教学反思不仅是教师个人成长的重要途径，而且是提高教学质量、满足学生需求的关键环节。根据教学过程，教学反思可分为三种类型：教学前的反思、教学中的反思和教学后的反思。

1.教学前的反思

教学前的反思是教师对即将进行的教学活动的预期和计划。这时，教师通常会回顾以往的教学经验，分析教学成功和失败的原因。在这基础上，教师会制定教学策略，并预测可能会出现的困难和问题。这种反思的目标是使新的教学活动更加完善和高效。

2.教学中的反思

与教学前的反思不同，教学中的反思更多的是对教学行为的即时反应。在教学过程中，教师需要根据学生的反应和学习情况，不断地调整教学策略和方法。例如，如果学生在某个概念上表现出困惑，教师就需要及时调整教学方法，以帮助学生理解。这种反思具有监控性。教师需要时刻保持警觉，观察学生的反应，及时发现问题，并快速做出调整。

3.教学后的反思

教学后的反思是教师对已完成的教学活动的总结和评价。这时，教师会回顾整个教学过程，分析其中的成功和失败，以及背后的原因。这种反思的目标是提炼经验，为下一次的教学做好准备。这种反思具有总结性。它帮助教师整理和深化对教学的理解，从而使教学经验得以理论化。这对于教师的长期成长和发展至关重要。

（二）教学反思的内容

教学反思的内容如图 2–4 所示。

- 教学反思的内容
  - 对教学观念的反思
    - 检视自身教学方式与新教学理念的契合度
  - 对教学设计的反思
    - 教学设计是否符合课程标准和学生的实际情况
    - 教学设计的起点是否与学生的起点相吻合
    - 教学设计是否能满足社会、学科和学生的需求
    - 教学方法是否优化
    - 教学媒体的运用是否适当
  - 对教学过程的反思
    - 学生主体地位的确立情况
    - 学生探究活动的组织是否合理
    - 学生在活动中的知识运用情况
    - 学生的积极性与参与度
    - 课堂意外的处理
    - 对学生发展的促进
  - 对教学效果的反思
    - 学生对教学重、难点的掌握情况
    - 学生在学习中遇到的困难
    - 学生情感、态度和价值观的培养情况
  - 对学生反馈的反思
    - 教学方法、内容、进程以及课堂的组织形式等多个方面

图 2–4 教学反思的内容

1. 对教学观念的反思

受传统教学方式影响，一些教师习惯于单一、机械的教学模式，这种模式下的教育思想有时无法跟上时代的步伐，导致了教学方法和内容的滞后。在当前这个信息化、数字化的时代，这些教师需要走出传统的思维定式，对

自己的教学观念进行积极的、深入的反思。只有真正从深层次上审视并反思自己的教学观念，才能使这种反思发挥真正的作用。教师需要根据时代的要求和学生的需求，检视自己在课堂中的教学方式，思考它们与新的教育理念的契合度。这种深入的思考和反思，将有助于新的教育理念在课堂中得到应用和实施，从而在更深的层面上推进教育观念的革新，并为教学实践提供指导。

2. 对教学设计的反思

教学设计既是对教学的谋划，又是教师进行自我反思的重要依据。对教学设计的反思涉及以下几个方面。

（1）教学设计是否符合课程标准和学生的实际情况。如果设定的目标太高或太低，那么可能导致学生感到挫败或失去学习的兴趣。

（2）教学设计的起点是否与学生的起点相吻合。如果不吻合，无论教师采用何种教学方法和手段，都可能导致学生对学习的反感和排斥。只有当教学内容从学生熟悉和感兴趣的地方开始，学生才可能积极参与、主动探索。

（3）教学设计是否能满足社会、学科和学生的需求。教育不仅仅是传授学科知识，更是培养学生面对未来社会的能力。只有使教学内容能够满足社会、学科和学生的需求，才能确保教学的实效性。

（4）教学方法是否优化。随着教育研究的发展，各种新的教学方法不断涌现。教师要及时学习和尝试，找到适合自己和学生的新方法。

（5）教学媒体的运用是否适当。教师应该根据教学内容和学生的需求，选择合适的教学媒体。

3. 对教学过程的反思

课堂教学具有不可预测性的特点是每位教师都需要认识到的。即使在教学前，教师付出了很大的努力，准备得很完美，但真正进入课堂后，教学的过程和结果还是可能出现各种出乎意料的情况。因此，教师授课时应随时反思教学过程，不断优化课堂教学。

对教学过程的反思包括：是否确立了学生的主体地位；学生探究活动的组织是否合理；学生在活动中是否能运用所学并具有创新性；学生是否积极

主动地参与到学习活动中；是否妥当处理课堂意外；是否真正促进了学生的学习和发展；等等。

4. 对教学效果的反思

对教学效果的反思指的是，在教学实施后，教师通过多种形式获取反馈信息，例如学生的问答、作业、测验和考试，并对结果进行分析和反思。这些既是对学生学习成果的评估，又是对教学方法、内容、进程的评估。一个学生如果对某个知识点产生了兴趣，那么他的学习效果和效率都会提高；反之，如果学生对某个知识点感到困惑或者无趣，那么这个知识点很可能成为他日后的“盲区”。因此，教师需要反思：学生在学习过程中是否真的理解了教学的重点和难点？他们在学习中遇到了哪些困难？他们的情感、态度和价值观是否得到了正面的培养和影响？

5. 对学生反馈的反思

教学并不只是教师单方面的授课，更重要的是师生之间的互动。学生是独立的个体，对教学有着自己的见解和评价。从学生的反馈中，教师可以更清晰地看到自己的优点和不足。这种反馈涉及教学方法、内容、进程以及课堂的组织形式等多个方面。例如，某种教学方法可能对一部分学生很有效，但对另一部分学生则不甚理想。通过反思这些反馈，教师可以有针对性地调整教学策略，从而提高教学效果。

第三章　英语教学备课策略

第一节　英语教学备课的意义与要求

一、英语教学备课的意义

对英语教师而言，备课是为了每一堂课的优质呈现所应当付出的努力。要想上好一节课，教师需要在备课时投入足够的时间和精力，确保每个细节都得到了充分的准备。因为只有充分备课，才能保证课堂的流畅与生动。

备课是为了使教学活动顺利进行，并达到预期的教学效果，在进行教学活动之前，教师要进行的必要准备。[①] 在备课阶段，教师需深入剖析课程标准与本门课程的独特性，根据学生的实际情况，对教学内容和方法进行调整。这是一个细致入微的过程，要求教师将教学目标、内容、方法与学生的需求紧密结合，寻找合适的教学方式。

（一）备课是对教学过程的预设

备课，是教学活动中一个十分关键的环节。从深层次来看，备课不仅仅是对教学内容的筹备和整理，更是贯穿了教师对课程教学内容的理解。一个深入备课的教师，对教学内容会有更为全面、深入的理解，从而能够更好

① 姜丽萍．汉语课堂教学[M]. 2 版．北京：北京语言大学出版社，2021：129.

地授课。备课也是教师的一种创造性劳动。在备课过程中，教师往往会根据学生的实际情况，结合教学内容，制定出富有创意的教学策略和方法，从而使课堂活动更加生动、有趣。教学系统是一个由若干要素构成的开放的复杂系统。这个系统中的每一个部分，无论是教材、教法、评估方式，还是学生的特点和需求，都是相互关联、相互影响的。而备课，正是为了确保教学系统能够更好地运作。在备课过程中，教师不仅要对构成要素有更为深入的了解，还要对它们之间的关系进行深入的思考，以更好地发挥教学的整体作用。

备课除包含对教学内容的梳理和策划外，还包含对人的因素和物的因素进行具体的、系统的规划。在课堂上，教师面对的是一群鲜活的生命，每一个学生都是独一无二的，有自己的学习节奏和理解方式。因此，如何让教学目标、教学内容和教学方法与学生有机结合，以形成一个协同工作的系统，是备课的核心和根本目的。为实现这个目的，教师需要深思熟虑，进行前瞻性的规划，确保每一堂课都有其独特的任务和目标。这样的备课不仅可以帮助教师更好地理解和把握教学目标，还可以确保教学环境的有机整合，从而发挥出系统的整体作用。

备课是一个深入思考的过程，是教师对教学目标的明确和认识的深化。它要求教师对教学目标有一个清晰而恰当的认识，这样才能确保教学过程的顺利进行和学生学习的有效生成。

（二）备课是教师再学习的过程

终身学习是指人为了适应社会发展和实现个体发展的需要，贯穿于一生的持续的学习过程。社会中的每个成员都应该树立终身学习的意识。英语教师更应如此。

如今，有一部分教师陷入了“越教越熟”的误区，以为自己已经掌握了所有的知识，无须再去学习。这种想法是对教学工作的一种误解。随着经济全球化的发展和技术的进步，社会对人才的要求越来越高。如果教师还停留在数十年前的知识体系中，是无法满足时代要求的。长时间沉浸在旧知识体系中，教师很容易成为“井底之蛙”。这并不是说旧知识体系没有价值，而是说在当今这样一个多元、开放和变化的世界里，仅仅依靠旧知识体系是远远不够的。师资培训虽然可以帮助教师了解新的教学方法、理论和技术，但真正的教学成长来自教师的自我反思和主动学习。因此，当教师能够在备课过程中进行再学习时，便有可能从旧知识体系中跳出来，看到广阔的世界和丰富的色彩，吸收到新鲜的养分。

（三）备课是对学生的关注与研究

教育的核心一直是学生。对英语教师来说，要在有限的教学时间内完成教学进度是一大挑战，但这并不意味着教师可以忽视对学生的观察和研究。课堂上的学生行为和互动是复杂而多样的。很多时候，教师能够捕捉到的信息和观察到的现象只能暂时存储在大脑中，等待课后进行深入的分析和反思。所以，对学生生活世界和学习世界的真正关注与研究是在备课的过程中完成的。在备课过程中，教师应该思考学习到底是如何发生的，学习有哪些共同点，学生有哪些特定的需求，以及学生之间存在的差异性。只有明确了这些问题，教学才能有的放矢，真正满足学生的需求。

教学的最终目的在于培养全面、健康、可持续发展的人才。每个学生都是独立的个体，拥有自己的经验、情感、思考方式和学习方法。这样的差异性是教学过程中不可忽视的部分。而真正优质的教育，应该能够同时应对这些差异，并且努力促进每一个学生的全面发展。如今，越来越多的人认识到，知识的传递只是教学的一部分，更为重要的是如何促进人的发展。因此，在备课时，教师要关注学生的生活世界，全面和深入地考虑学生的需求，使学生在课堂上找到与生活相呼应的内容；关注学生的生命世界，留给学生一定的自由时间和空间，让学生有机会自己探索和思考；关注学生的地位，建立一个民主、平等、合作的师生关系，让学生感到被尊重和被关心，从而更加积极地参与到学习中来；关注学生的心理世界，为他们创设有挑战性、激励性的问题或情境，激发他们的求知欲和探索精神。

二、英语教学备课的要求

（一）强调系统性——局部与整体的统一

英语课程的设计和实施应该基于一个整体的知识体系，确保学生不仅能够掌握词汇和句型，而且能够在真实场景中运用英语进行交流。此处的“整体”，是指由课程标准规定的知识体系。这个知识体系是一个宏观的结构，包含了英语学习的各个方面，如词汇、语法、听力、口语等。而“局部”则是这一大体系中的某一部分，例如某一单元或某一课时。在备课时，教师不应该仅仅局限于该单元或课时的内容，而应该考虑它如何与整个知识体系相结合，从而达到和谐统一。例如，当教师开始准备某一单元或课时时，教师首先需要思考：这个单元或课程如何与整个课程的目标和知识体系相匹配；它将培养学生哪些方面的能力；等等。

（二）明确目的性——三维目标的统一

教学的目标主要包含三方面，即知识传授和能力培养、情感态度和价值观教育、过程与方法探究。这三个方面相互影响，相辅相成，构成了教学的完整目标。在备课时，教师需细心规划，以确保这三方面的平衡和有机结合。

通常情况下，过程与方法探究是其中最耗时和最需努力的部分。它不仅包含对教材的研究，还包含对教学方法的创新和探索。它要求教师有足够的专业知识和实践经验来设计适合学生的教学方法。这种探究可以帮助学生更好地理解和掌握知识，培养学生的思维能力和解决问题的能力。知识传授和能力培养是教学的核心部分。通过教师的引导和指导，学生能够学到新的知识和技能。同时，学生的自主学习能力和批判性思维能力也会得到锻炼。情感态度和价值观教育则常常渗透在知识传授与能力培养的过程中。这涉及培养学生的品格，教育学生成为有责任感和良好道德修养的人。情感态度和价值观教育，可以帮助学生形成正确的世界观、人生观和价值观。教师可以设计案例分析、讨论、角色扮演等方式来进行这方面的教育。

（三）加强针对性——教法与学法的统一

教学的真正意义并不仅仅在于传输知识，更重要的是启发学生，使他们学会自我学习。在教学的过程中，学生是主体，教师则是主导。学生的学习进步和发展是对教师教学效果的最直接反馈。因此，教师的每一步教学都应该围绕学生展开。教师在备课时，要深入了解学生，掌握学生的基础知识和能力情况，确保选择的教学策略和内容能够精准对接学生的需求。只有这样，教学过程才能更加顺畅，学生才能从中获得真正的收获。备教法和备学法是备课中两个密不可分的部分。备教法是针对教师教学的，涉及教材的选择、教学策略的制定以及如何有效地传递知识给学生。而备学法则是针对学生学习的，关注的是学生如何有效地学习和吸收知识。很多时候，人们会忽视备学法的重要性，认为学生在学习过程中会自然而然地掌握学习方法。这种观点是片面的。教师在教学过程中不仅是传授知识的人，还是学生学习方法的引导者。教学的目的不是让学生永远依赖教师，而是让他们学会如何学习。为了实现这一目标，教师需要有意识、有计划地指导学生掌握学习方法，培养学生的自学习惯和能力。

（四）突出计划性——内容与形式的统一

备课，不仅仅是为课堂搜集和准备资料的过程，更是对教育的深入思考与设计。正如建筑师在设计大厦之前，需要对整体规划、结构与功能的协调、细节与整体的统一、美学与实用性的结合等方面进行深入思考一样，备课同样需要这种全局性的规划与设计。

做好计划是设计好一堂课的首要任务。不同于简单的列提纲或总结重点，计划更多地涉及如何在有限的时间内合理安排教学内容，使局部与整体协调，确保知识、能力、情感、态度、价值观等各个方面都得到合理的关照。其中，过程与方法的探究、教法与学法的统一等都需要事先筹划，以确保课堂上不出现混乱或失焦的情况。内容与形式是教学设计的核心。这两者之间的关系，如同建筑的结构与外观。内容是教学的基石，决定了教学的目标、方向和深度。教师需要在备课时深入研读教材，充分把握重点难点，以便在课堂上有的放矢。同时，对于教材的内容，教师还需要根据实际情况进行适当的剪裁和提炼，确保教学内容既全面又精练 。形式是呈现内容的方式，涉及教学模式、结构和方法的选择。一方面，形式不应该脱离内容而存在，因为再好的教学模式、结构和方法，如果与教学内容不符，也会适得其反。另一方面，优质的内容也需要合适的形式来呈现，否则可能会因为形式不当而导致学生难以理解。

（五）体现学科性——工具性与人文性的统一

英语，不仅是一种语言，还是一种载体，承载了深厚的历史和文化内涵。为了确保学生不仅能够熟练掌握英语的基本技能，还能够理解和欣赏其所承载的历史和文化，英语教育需要平衡工具性与人文性。

听、说、读、写是四种基本的语言技能，体现了语言课程的工具性。英语教师在备课时，不仅要考虑教学内容，还要考虑如何在课堂上培训学生的这四种能力。而且，与传统的知识传授不同，英语课程注重的是实践性。学生只有将学到的知识付诸实践，才能真正熟练掌握并运用英语。教师需要思考如何设计各种知识领域场景来引导学生进行英语实践，从而使学生获得现代社会所需的英语实践能力。与此同时，英语课程还具有丰富的人文内涵。无论是文学作品、历史文献还是日常交流，都反映了英语文化的多种面貌。因此，英语教学材料不仅可以传授知识，还可以对学生的价值观产生影响。学生的生活经历和背景决定了他们对英语教学材料的不同反应。教师在选择教学材料时，不仅要考虑其教育价值，还要考虑如何引导学生进行正确的反思和批判性思考，避免可能的消极反应。为了在课堂上体现英语课程的学科性并保持其工具性与人文性的平衡，教师在备课时要全面考虑。教师应该寻找既能锻炼学生英语实践能力，又能让他们深入理解英语文化的教学方法和材料。

第二节　英语教学备课的内容与方法

一、英语教学备课的主要内容

英语教学备课的主要内容如图 3-1 所示。

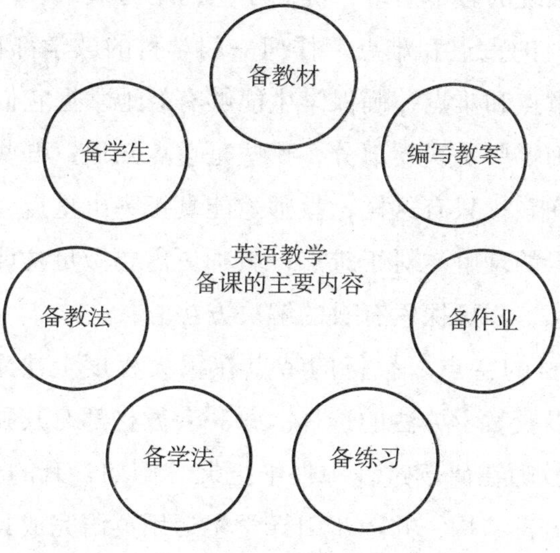

图 3-1　英语教学备课的主要内容

（一）备教材

教材既是学生课堂学习的重要文本，为学生提供基础知识和深度信息，又是教师进行教育教学的关键参考。教师在课堂上的表现，与其对教材内容的理解和掌握程度有很大关系。一个真正的专业教师，不仅要掌握教材的文字信息，还要深入其背后的知识体系，这样才能在课堂上为学生呈现出生动、有深度的教学内容。备教材的方法如下。

（1）掌握课程标准。教师要深入了解每个阶段英语教学的目的、任务和课程理念。在具体的教学活动中，教师要根据每个年级、每学期、每个单元、每堂课的学习目标来备课和讲课。这样的方法能确保教育的连贯性，也能确保学生能够在合适的时间点掌握相应的知识和技能。

（2）掌握教材内容之间的联系。教材是教学活动的核心，但仅仅理解教材的表面内容是不够的，教师需要深入研究教材的编排体系，理解教材内容的纵向和横向联系。纵向联系涉及不同单元之间的知识联系，横向联系则涉及词汇、句子、语法、课文以及练习之间的联系。这些联系大多以语法内容、词汇搭配以及交际项目为线索贯穿。掌握教材内容之间的联系能帮助教师设计出连贯、系统的教学活动，提高学生的学习效果。

（3）掌握教材的重点和难点。任何一门学科的教学都存在重点和难点。教师要准备把握重点和难点，确保学生能够有效地掌握它们。在研究教学内容时，教师应明确哪些是次要部分，哪些是重点知识，哪些是基础知识，并了解它们之间的联系。只有这样，教师才能真正突出重点，确保学生对关键知识和技能有深入的理解。对于难点，教师更需要做足功课。教师要深入了解学生的学习困惑，积极探索有效的解决方法。

（4）掌握教材的特点。教材的特点在很大程度上决定了备课的结构、教学活动的组织以及教学方法的选择。每一套教材都有其独特的风格和内容组织方式，需要教师在研读过程中仔细把握。例如，有的教材以话题为纲，注重交际功能和语言结构，并逐步引导学生运用英语完成具有实际意义的语言任务。这种教材的内容贴近学生的日常生活，为教师提供了丰富的教学资源。对于教师而言，了解教材特点能够更有针对性地选择教学方法，更加符合学生的年龄特性，从而使学生更加愉悦和主动地学习英语。

（5）掌握教改信息。教改，广义上指的是教育改革，包括一个国家教育制度等方面的改革；狭义上指学校的教学改革，包括教学方法、教学手段、教学模式等方面的改革。无论是广义上的教育制度改革，还是狭义上的学校教学方法、手段和模式的改革，都直接影响到教师的教学实践。在当下的教育环境中，教改信息的变化很快，这要求教师要及时了解并准确掌握教改信息。如果英语教师能够在掌握最新的教改信息的基础上，结合现代化的教学理念开展教学，那么其英语教学活动将会变得更加丰富多彩。

（二）备学生

教育的主体是学生，讲课的主要目的是使学生更好地掌握知识。过去的教师单纯依赖教材进行教学的模式，已不适应现代教育的需求。今天的教师需要更加深入地了解每个学生，以确保教育真正达到其预期效果。教材是教学的工具，它提供了知识体系和教学指导；但每一个学生都是独特的个体，带有不同的学习背景、接受能力和学习态度。因此，仅仅钻研教材，而不去了解学生，这样的备课方法显然是片面的。在备课过程中，教师不仅要对教材有深入的了解，还应该关心学生的实际情况，包括学生的学习水平、习惯和态度等。只有了解这些信息，教师才能选择出合适的教学方案。对于那些学习能力较弱或学习态度不够积极的学生，教师可以采取特定的教学策略和方法，如组合教学、项目式学习或情境模拟等，来激发他们的学习兴趣和动力。而对于那些学习能力较强的学生，教师可以提供更高阶的思考题目和挑战，以满足他们对知识的探索欲望。此外，学生的兴趣、性格和背景都会影响其学习效果。教师应关注每一个学生兴趣发展中的个性需求。

对英语教师而言，想要进一步了解学生可以从以下几个方面入手。

（1）与其他教师沟通。在学校环境中，学生会与多名教师有接触，因此，英语教师在带新班时，可以与班主任及其他任课教师沟通，查阅学生的鉴定和成绩表，以及进行摸底测试，来了解学生。

（2）观察学生的日常行为。教学观察是教师的基本技能，不仅关注学生在课堂上的学习行为，还关注学生的情感、态度和参与度。通过对学生的观察，教师可以得知学生是否理解所教内容，是否对教学活动感兴趣，以及对教学方法的接受度如何。

（3）通过课堂提问和作业批改来了解学生的学习状态。课堂提问和作业批改是传统但有效地了解学生学习状态的方法。通过这些任务，教师可以了解学生的认知水平、思维方式和学习难点。这样，教师可以有针对性地进行教学，帮助学生克服学习难点。

（4）与学生交流。除了课堂上的交流，师生之间的情感沟通同样重要。与学生进行深度的思想交流，了解他们的内心世界和情感变化，不仅有助于建立良好的师生关系，还能帮助教师更全面地了解学生，从而进行有效的教学指导。

（三）备教法

适当、切实可行的教学方法不仅能帮助教师高效地传授知识，而且能激发学生的学习兴趣，促使他们从被动的学习者转变为主动的参与者。不同教师的授课方式差异显著，有的教师的课堂能够吸引学生，让学生沉浸在学习的海洋中，而有的教师的课堂较为枯燥。这并不完全取决于教师的个人特质或课程内容，与他们选择和应用的教学方法也有很大的关系。教学方法的选择和应用应当基于对学生的深入了解和对教学材料的精湛掌握。每一位教师都需要为自己所授课程的学生选择合适的教学方法。

传统的教学方法，如讲授法、谈话法、讨论法和实验法，都有其独特的优势。这些方法在过去已经得到了广泛的应用，并且在某些情境中，它们依然是非常有效的。随着社会的进步和技术的发展，新的教学策略也应运而生。自主参与、自主探究、小组合作和分层发展的学习策略是近年来受到广泛关注的新型教学方法。作为 21 世纪的英语教师，要能够熟练掌握现代化教学手段并用其来辅助教学。

（四）备学法

英语教学不应只是内容的教学，更应该是学习能力、策略的教学。教师在教学过程中应该有意识地对学生进行学习策略的指导，使学生学会如何学习。在备学法过程中，教师应做到以下几点。

（1）鼓励学生参与制定阶段性学习目标。这一点非常关键，因为只有学生明确自己的目标，才会有持续的学习动力。教师应帮助学生树立目标，找到实现这些目标的具体方法，从而让学生看到目标的可实现性，增强自信心。

（2）引导学生结合语境进行学习。通过推测、查阅和询问等方法，学生可以更加深入地理解语言，而不仅仅停留在表面层次。

（3）开展探究式学习活动，促进学生实践能力的提高和创新思维的发展。这样的活动鼓励学生跳出固有的思维模式，探索新的学习方法和策略。

（4）引导学生通过观察、发现、归纳和实践等方法，深入地学习和感悟语言的功能和魅力。

（5）引导学生定期对自己的学习进度和策略进行反思，根据需要及时调整，确保学习始终处于正确的轨道上。

对于不同的学生和不同的教学内容，教师教导给学生的学习方法也应有所不同。无论采用何种学习方法，都应当注重培养学生的积极参与态度和亲身体验的习惯。这不仅有助于他们更好地理解和掌握知识，还有助于培养他们的独立思考、合作探究和自主学习的能力。

（五）备练习

教学的核心目标是确保学生真正掌握所学的知识，并能够在实际生活中应用这些知识。然而，在实际的教学过程中，许多教师会发现，仅仅依赖给出的例子或课本上的练习，往往不能满足这一核心目标。因此，教师在备课时还要精心设计各种练习材料和解题方法。练习的设计需要结合教材内容和学生的基础，既要确保练习与教学内容紧密相关，又要与学生的学习能力相匹配。英语教学的练习应满足以下几点。第一，使练习材料呈现多样性。多样的题型和练习方式有利于使学生保持学习兴趣，保持积极的学习态度。第二，满足学生的差异性。每个学生都是独一无二的，具有自己的学习速度和能力。因此，教师在设计练习时应确保有不同难度的题目。第三，尽可能地联系学生的实际生活。这样不仅能使学习更加有趣，而且能帮助学生看到知识在真实生活中的应用。

（六）备作业

作业不仅是一个传统的教学手段，还是一个帮助学生深入理解和掌握所学内容的重要工具。改善学生的学习方式，培养学生的创新精神、实践能力，既可以在课堂中进行，也可以在课外学习活动中进行。在备课时，教师应该深入考虑如何使学生真正通过作业掌握所学内容。备作业环节要求作业的选择、设计和分配都是目的明确的，且要与教学目标和学生的需要相一致。在作业内容中，教材中的课后习题是学生需要掌握的基本内容。通过这些练习，学生可以加深对新知识的理解，并巩固课堂上所学的内容。然而，为了满足不同学生的需要，尤其是那些程度较好的学生，教师还需要超越教材，设计更有挑战性的作业。这样的作业应该满足以下要求：能够激发学生的思考，鼓励他们探索解决问题的方法，培养他们的独立思考和创新能力。

此外，教师在布置作业前，最好先自己完成，这样不仅能在一定程度上避免知识性错误，还能更深入地理解教材的核心内容，从而更好地指导学生。

（七）编写教案

教案是教育过程中不可或缺的组成部分。在备课过程中，教师会将备教材、备学生、备教法、备学法、备练习、备作业等内容编写成以课时为单位设计的具体教学方案。有了教案，教师可以更有针对性、系统性地进行教学，确保每一节课的内容都与教育目标紧密相连。

教案的构成部分如图 3–2 所示。一般来说，教案的构成部分有：概况，包括授课班级、学科、课题名称、授课时间、教学目标、教学方法、教学重点和难点、课型、教具等；教学过程，包括教学步骤及其时间分配、教学内容的安排、教学方法的具体运用等；板书、板画设计；教学后记，即教师课后的小结或教学随想。

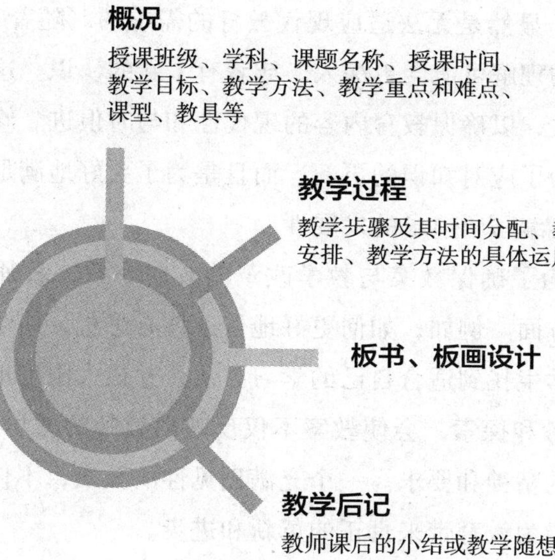

图 3-2 教案的构成部分

一份优秀的教案需要具备科学性、实用性、针对性、发展性和创见性。

（1）科学性。教师在编写教案时，要具备对教材的深入理解和认知。理解教材的基本思想和概念只是开始。真正的深入理解，是能够清晰地看到知识点之间的联系的，能够确保教学内容和学生的知识背景、能力和需求相匹配。

（2）实用性。不管是新教师还是经验丰富的老教师，都应该根据自己的情况，设计出实际可行的教案。新教师可能需要更加详细、具体的教案来确保课堂教学的流畅性；而对于经验丰富的老教师来说，他们可能需要重视教案的灵活性和创新性。

（3）针对性。每个班级、每个学生都有自己的特点。教师在编写教案时，需要考虑这些差异，确保教学内容和方法能够满足学生的实际需求。这就要求教师在编写教案时，不仅要有对教材的深入理解，还要有对学生的深入了解。只有这样，教案才能真正地实现因材施教，达到教育的目的。

（4）发展性。教材固然会在一段时间内保持稳定，但人类对于知识的理解和掌握是持续演进的。教育的核心是满足学生的学习需求，而这些需求会随着社会的发展、时代的进步和学生特性的变化而发生改变。因此，依赖过去的教案和方法，显然是无法适应现代教育的需求的。随着时间的推移，教师对于某个主题的理解可能会更深入，或者有了新的认识。这些新的洞察和理解需要纳入教案，以确保教育内容的现代性和与时俱进。修改和完善先前的教案，不仅是为了应对知识的更新，而且是为了更好地满足学生的学习需求，这也正是教案编写所追求的发展性。

（5）创见性。为了确保教案与教学改革的方向一致，教师在编写教案时应深入考虑多个方面。例如，如何更好地传达核心思想，使学生真正理解和吸收；如何引导学生找到适合自己的学习方法，并最大限度地利用课堂时间；等等。这些思考和探索，会使教案不仅反映出教师的教学理念和方法，还体现出教学改革的精神和要求。一个充满创见性的教案，不仅能够帮助学生更好地学习，还能为教育带来真正的革新和进步。

二、英语教学备课的方法

上文提到的备课内容，实际上也涉及备课方法，但表述比较分散。由于备课内容（如大纲、教案、讲稿等）的编写有其特定的方法，因此本书关于备课的具体方法描述会比较宽泛。这里主要讨论的是一些普遍适用和基本的方法。

（一）交互思维的方法

在教育的道路上，教师不仅仅是知识的传递者，更是学生学习过程中的引导者。教师在备课时需要充当“教”与“学”的双重角色。

一方面，教师是传道、授业、解惑之人。教师需要具备丰富的专业知识和教育经验来给学生提供高质量的教育。教师需要通过深入研究和理解学科内容，来制定出一个能够让学生更好理解和吸收的教学方案。在备课的过程中，教师需要对知识进行透彻的剖析和整合，以确保能够清晰、有条理地将这些知识传授给学生。

另一方面，教师需从学生的角度去思考问题，设身处地为学生着想。这意味着教师需要了解学生的需求和期望，以及学习风格和节奏。只有这样，教师才能创建一个有利于学生学习的环境，获得理想的教学效果。

在教学过程中，交互思维起着至关重要的作用。它不仅仅是一个方法，更是一个理念，体现了“以人为本”的教育哲学。“以人为本”的教育不仅仅注重知识和技能的传授，更注重如何激发学生的学习热情，如何调动和发挥学生的潜力。这要求教师不仅仅要教书，更要培养学生的能力，帮助学生发现和追求有意义的目标。通过交互思维的方法，教师可以更好地理解学生的需求和期望，从而更有效率地备课。

（二）形象思维的方法

现代教育学越来越重视形象化教学，因为形象思维能够诱发创新思维和能力。形象化教学并不仅仅是理论联系实际或者大量列举实例，而是对思维的一种形象化，将抽象的概念通过具象的方式展现出来。这样的教学方法不只用文字或记叙方式来描述，而是采用更为直观的造型或绘画来表达。与传统的列举实例相比，形象化教学能够给予学生更强烈的视觉冲击力，更好地吸引学生的注意，进而引发学生的广泛联想和创造力。形象化教学对于学生而言，不仅仅是一种有趣的学习方式，更是一种引导学生进入创新思维的方式。在当下这个快速发展的时代，仅依赖传统的知识学习已经远远不够。未来社会对于人才的需求是全面而深入的，尤其是创新能力和创新思维，而这正是形象化教学所能带给学生的。对于教师来说，开展形象思维教学不仅是一种挑战，还是一种责任。教师需要在备课时，深入地挖掘和研究如何将抽象的概念转化为具象的形象，这既是一种教育技巧，也是一种艺术。通过这种方式，教师可以最大限度地激发学生的学习兴趣，帮助学生在学习中发现知识的魅力，培养学生的创新思维和创造能力。

（三）逆向思维的方法

教与学是教育中的两大核心部分。在教与学双方的互动中，教师在为学生传授知识的同时，需要深入了解学生的所思、所想、所需和所求。只有这样，教学才能真正做到有针对性，真正达到教育的目的。

对学生来说，主动向教师求知和求教是一种顺向思维。这种情况下，学生会把自己的需求和困惑主动地呈现给教师。然而，因为学生对教师往往有一种敬畏心理，所以他们不一定敢于直接提出自己的疑惑和需求，也就是说，教师通过这种方式了解到的学生的真实需求是有限的。因此，教师需要采用古人所说的“逆知”（预知）、“逆睹”（预睹）和“逆料”（预料）来深入了解学生。[①] 在备课的过程中，“逆知”是非常重要的一个环节。这意味着教师需要主动了解学生的背景知识和希望学习的内容，以及希望采用的教学方法。这种了解不能仅仅停留在表面，教师需要走出办公室，与学生进行深入的交流，倾听他们的声音，才能真正做到有针对性的教学。

第三节　英语教学备课的流程

一、学期备课

在每个学期开始之前，学期备课都是每位教师教学准备工作中的必不可少的一个环节。学期备课包括深入研究课程标准、通读教材、划分教材的重点和难点、合理安排一个学期的教学进度、合理分配教学时间和教学内容、制定切实可行的教学方法等。

学期备课的主要任务在于钻研课程标准，全面熟悉教材。教师可以将假期时间利用起来，专心地研究课程标准、教科书以及基本参考资料。这样，教师不仅能够更加明确整个学科的目标要求，知晓教材的编写原则和方法，还能对学生即将开始的知识学习和技能训练有全面的了解，对各个单元的目标要求、单元间的关系、课程的重点和难点有清晰的认识。这样有利于确保每一堂课都与学科的整体目标相符，确保教学活动的连贯性和有效性。除了对教材的研究，教师还需要对班上的学生有足够的了解。每一个学生都是独特的，都有自己的特点和优势。教师需要了解学生，尤其是那些学习上有困难的学生，他们更需要教师的关注。了解学生，可以帮助教师更有针对性地

① 李国炎，吴崇康，郑宣沐．学生现代汉语词典[M]．长沙：湖南人民出版社，2011：415.

制定教学策略，确保每一个学生都能够获得所需的关注和帮助。

二、单元备课

现行教材的结构往往以单元为基本单位。对于教师而言，单元教学计划的制订和备课工作是确保教学活动高效进行的关键。单元备课的基本内容包括单元名称、单元教学目标、单元知识结构、重点、难点、学生情况分析、课时划分等。

在单元备课过程中，教师需要解决以下几个主要问题。

第一，在开始单元备课之前，教师需要深入研究教材，确保对本单元的教学内容、教学目标、教学要求有清晰的认识。

第二，根据教材的内容，教师需要明确教学的重点、难点、关键点，确保教学活动的针对性和效果。

第三，合理的课时划分和教学步骤设置是确保教学活动有效进行的关键。教师需要明确每个课时的内容和目的，确保教学活动的连贯性和结构性。

第四，各单元的内容，可能需要不同的教学方法。教师需要研究和选择适合本单元内容的教学方法，确保教学活动的顺利进行。

第五，教育不仅仅是知识的传授，更重要的是学生综合能力的培养。教师需要考虑如何在本单元的教学中，结合具体教学活动，全面培养学生的综合能力。

单元备课的好处是显而易见的。通过单元备课，教师可以更加系统和有计划地进行教学活动，避免“临阵磨枪”的现象。更进一步来说，通过单元备课，教师可以更好地将备课和业务学习结合起来，确保备课工作和教学活动相互促进。

三、课时备课

教材通常由若干个单元构成，每个单元又包含了数节课时。为了确保每一节课都能顺利进行，教师在完成学期备课和单元备课后，还需进一步开展每节课的备课工作。恰当地划分课时是课时备课的关键之一。这需要教师综合考虑教学内容、教学重点、教学难点以及教学计划的进度。划分课时时，应确保难点分散，不让学生在学习过程中遇到连续的难关，同时要适当分配教学内容，确保整体的教学任务能够在规定时间内完成。

具体教案的编写则是对教师的细心和专业性的考验。它涉及课时教学目标的设定，明确哪些是重点、哪些是难点，选择合适的教学方法，以及详细规划教学过程等。在教学过程中，教师的活动与学生的活动如何安排，时间如何分配，板书如何设计，都需事先有所规划。

四、课前备课

在教学过程中，许多人误以为，一旦教案或讲课稿完成，教学活动即可顺利展开。然而，实际上，真正的备课工作仍然需要在教案完成之后继续，即进行课前备课。

（1）阅读讲课稿或教案。教师要想真正上好课，不仅仅需要写出详尽的教案，还需要在课前做好对教学内容的深入了解和准备。为此，阅读讲课稿或教案，再次熟悉授课内容，有利于使教师达到自如授课的状态，将科学知识无误地传递给学生。

（2）自检。仅对教案进行熟读是不够的，教师还需要反思自己的教学内容：本次教学的主线是什么？哪些是教学的重点？如何确保重点突出？哪些地方可能会是学生的难点，有何特殊方法可以更好地解释给学生听？对于依赖多媒体教学的课程，确保技术无误也是课前备课的一部分。教师应确保多媒体课件能够顺利运行，以避免中途出现技术问题而影响教学质量。

随着教育经验的积累，教师的课前备课会趋向于更多地考虑如何更好地传授知识给学生。这意味着，课前备课，除了要熟记教材之外，还要备方法、备感情、备语言、备教态、备教具。

五、课后备课

课后备课即课后反思。对教师而言，要想提高教学水平，提高自身素质，做好课后备课是非常重要的。一节课，无论前期准备得多么周到，总难免有意料之外的情况发生。由于学生的疑惑、反应和参与都是实时、动态的，因此教师需要具备随机应变的能力。但更关键的是，教师在一节课结束后，应进行自我反思，深入地分析自己的教学方法和效果。只有这样，教师才能在每一次教学中找到提高的空间，不断完善自己的教学策略。结束一节课后，教师应问问自己：这节课是否达到了预设的教学目标；是否把重点和难点都讲清楚了；学生是否真的理解了；授课方式是否能让学生保持积极的学习态度；等等。这些问题的答案，有时可能需要从学生的反馈中寻找，有时则需要进行自我反思。

课后反思不仅要回顾课堂内容，还需要结合调查研究。教师应该深入了解学生的想法、疑问和意见，即使这些反馈可能是零碎的、细小的。这些信息，对于教师来说，是非常宝贵的。因为它们可以帮助教师更深入地了解学生，更加精准地针对学生的需求进行教学。

第四节 英语备课成果的具体体现——教案

在英语教学中，教师备课的成果主要通过教案来体现。教案不仅是教师备课的书面记录，还是教学设计的具体体现。优质的教案是教师教学经验和智慧的结晶，能够帮助教师系统化、合理化和科学化地进行教学，提升教学效果。同时，优质教案还可以作为教研和学习的资料，供教师同行交流和学习。

一、优质教案的必要条件

一篇优质的教案需要具备以下几个条件。

（一）具有科学性

科学性是教案的基石。一篇教案的科学性首先体现在它的教学要求上。它需要避免设定过高或过低的要求，确保教学目标、重点和难点与课程标准和教材规律相契合，同时要考虑到学生的实际情况。教学内容应严格遵循事实和证据，避免出现知识性错误。教学方法应符合学生的认识规律，揭示知识本质，可操作性强。

（二）具有系统性

一篇优质的教案既要考虑到每个教学点的独立性，又要注重知识点间的联系。知识并非孤立的，而是相互关联的。教案需要展示知识的连续性，帮助学生建立良好的认知结构。这不仅可以帮助学生更好地理解新的知识点，还可以促进他们对已学知识的巩固。

（三）具有针对性

对于不同的学生来说，他们的知识起点、学习节奏、学习深度都会有所不同。一篇优质的教案应当充分考虑到学生的具体情况。例如，对于基础薄弱的学生，教案可能需要更多的例子和练习；而对于能力较强的学生，教案则可以增加一些挑战性的内容。只有这样，教案才能真正发挥其作用，帮助学生更好地成长。

（四）具有启发性

教学不仅仅是知识的传授，更是一个启发学生、激发学生自主学习和探索的过程。一个具有启发性的教案可以创造必要的情境，引导学生进行反思和自我发现。通过设计富有启发性的教案，教师可以鼓励学生主动“获取”知识，而不是被动地“接受”知识。这样可以帮助学生培养批判性思维和创造性思维，同时提高他们的学习兴趣和积极性。

二、教案的撰写要求

英语教案的撰写主要包含四大部分，即教学目标、教学内容、教学方法、教学备注。

（一）教学目标

在撰写英语教案时，明确教学目标是关键。教学目标需要具体、明确，与学生的学习需求和能力水平相匹配。对于不同水平的学生，目标应有所不同。教学目标不仅应覆盖语言知识的传授，还应包括听、说、读、写的技能培养。这意味着教案应平衡理论知识与实际应用，如通过听力练习、口语活动、阅读理解和写作任务来提高学生的语言运用能力。同时，教学目标需要可测量，以便教师能够通过考试、作业等方式评估学生是否达到预定目标。

（二）教学内容

教学内容是教案的核心，它指导教师具体要教什么。为了确保学生能够顺利地学习，内容的安排需要非常有逻辑性，细化到每一小步。每一个环节的目标都需要明确，每一个小步骤如何逐渐深入，如何从易到难，都是内容策划时需要考虑的。同时，英语知识与技能之间的关系要符合语言学的规律。

（三）教学方法

这里的教学方法指的是教师打算如何向学生传授教学内容。每一个学生都是独特的，有自己的背景、兴趣和学习方式。因此，教案的方法部分要非常具体和细致。教学的组织形式需多样化，这样不同个性的学生都能在课堂上找到自己喜欢的活动。教学活动的设计要注重实际应用，对于英语课程来说，要确保学生不仅仅是机械背诵，而是能够真正地用英语来表达自己。方法部分需要避免过于泛泛的描述，例如“激发学生的兴趣”或“提问”，而是要写得具体和可操作，从而让教师在课堂上有明确的指导。

（四）教学备注

教学备注为教师提供了一个反思和备选方案的空间。这部分可以包括教案中不容易涵盖的其他信息。例如，如果教材内容过多，这部分可以写明在哪些情况下可以省略或者扩充某些内容。此外，这部分也为教师提供了一个实施前的检查机会，教师可以在心中反复模拟教学的各个环节，如时间安排、课堂组织和任务量等，以确保课堂能够顺利进行。

三、教案的具体书写

教案对于教师来说就如同建筑师的施工图纸。它不仅可以帮助教师明确教学目标、内容和方法，还可以根据实际情况进行调整和优化。一个完整的教案，需要考虑以下几方面内容。

第一，授课题目。授课题目即本节课所要传授的主题。教师需要确保题目具体明确，能够反映本节课的中心内容。

第二，授课时间。根据学校和课程的安排，确定本节课的授课时长。这有助于教师合理分配时间，确保所有计划的内容都能够在规定时间内完成。

第三，课型。这指的是本节课的性质，一般包括新授课、复习和练习课、习作指导课、课堂评讲课等。教师应根据课型选择合适的教学方法和活动。

第四，教学目标。教学目标体现了教学的指导思想。首先，教学目标明确了学生需要掌握的知识和技能；其次，教学目标还包括培养学生的思维能力和问题解决能力；最后，教学目标还涉及塑造学生的价值观、态度和情感。

第五，教学重点和难点。这两者应该根据课程标准、教材内容和学生的实际情况来确定。

第六，学情分析。教师在编写教案前，要了解学生的背景知识和能力，根据学生的年龄特点，分析他们的情感、态度和价值观。

第七，教学方法。教学方法即教师在课堂上如何授课的策略和手段。教师可以选择讲授、讨论、小组活动、案例分析等多种方法。

第八，活动标识。在教案中，教师可以使用简洁的符号或注释来标明某个活动的具体内容，例如参与的学生数量、是否小组活动、是否需要师生互动等简单事项，都可以用符号或注释来标明。

第四章　英语教学授课策略

第一节　音乐教学法

音乐不仅仅是艺术的体现，更是情感的传递工具。每一段旋律，每一个和弦，都能够呈现出特定的情绪色彩，让人们在烦恼、忧伤、高兴或紧张时找到情感的出口和共鸣。

借助音乐教学法进行英语教学，是一种具有创意和效果显著的教学策略。学生在参与唱歌等音乐活动时，常需要记住歌词和旋律，跟随音乐的律动进行各种练习。这不仅能让他们在无意间培养对英语的感知力和理解力，还能锻炼他们的记忆力和感受力。此外，音乐活动要求学生全身心投入，这样就促使他们的耳朵、眼睛、大脑和四肢共同协作，从而提高大脑的反应灵活性。在这个过程中，学生不仅能学到新的语言知识，还能在游戏中获得乐趣，提高认知能力和协调能力。

值得注意的是，音乐教学法可以给予学生一个轻松、愉悦的学习环境，在这样的环境下，学生可以更好地表达和理解情感，而这对于他们的心理健康是非常有益的。

一、音乐教学法概述

（一）音乐教学法在英语教学中的作用

1. 提高教学效果

在教学过程中，如何在有限的时间里最大化教学效果，一直是教育工作者关注的核心问题。音乐，恰好为此提供了一个创新的答案。教师将音乐引入课堂，无论是通过示范、学生跟唱，还是通过音乐律动，都可以提高学生的参与度。因为音乐的旋律和节奏容易抓住学生的注意力，将学习变得更为有趣和轻松。此外，音乐中的重复和律动有助于记忆和理解。这意味着教学内容不再是枯燥的知识点，而是有了音乐的辅助，从而更易于为学生所接受和掌握。

2. 激发学生学习的主动性

音乐活动在激发学生学习的主动性方面具有很大的潜力。学生在音乐中可以获得丰富的情感体验和学习体验。音乐中的旋律、节奏和音律等元素，都可以帮助学生更好地捕捉和理解语言信息。在这样的学习环境下，学生的学习主动性会得到提升。同时，这种学习方式更有利于长久记忆和运用英语知识。

（二）音乐教学法对学生综合发展的促进

英语音乐活动不仅是一种促进学生英语语言发展的重要途径，还是一种促进学生综合发展的方法。通过音乐活动，学生可以在一个轻松、愉悦的环境中学习新的词语和表达方式，从而提高语言技能。此外，音乐活动能满足学生好动的特点和表演的欲望，合适的音乐搭配适宜的肢体动作，对学生的身体平衡性的发展会起到促进作用，对学生体验积极的情绪、遵守规则的行为均有积极的促进作用。

音乐教学法促进学生综合发展的几个方面如图 4-1 所示。

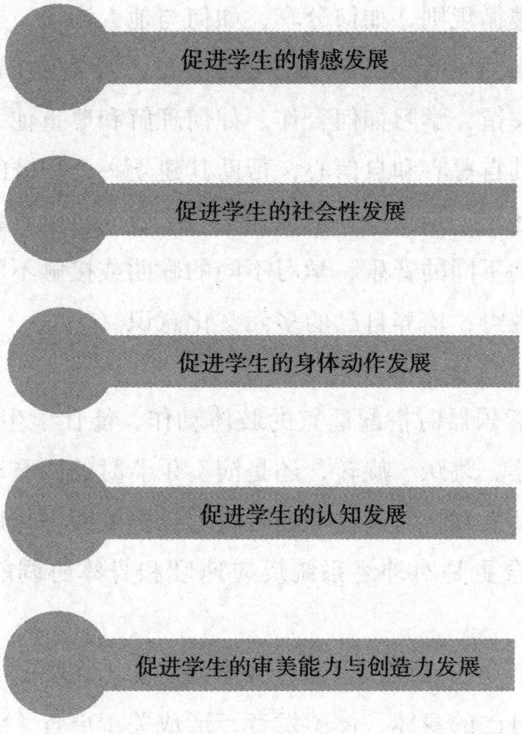

图 4-1　音乐教学法促进学生综合发展的几个方面

1. 促进学生的情感发展

音乐活动为学生提供了一个表达自己的途径。当学生唱歌或演奏乐器时，他们不仅仅是在表达音符或旋律，还在表达自己的情感、思想和体验。这种自我表达的机会可以帮助他们更好地理解和整合自己的内心体验，以及与他人分享这些体验。

同时，音乐活动也是一个身心的体验。在唱歌或演奏乐器时搭配适宜的肢体动作，能让学生体验到身体动作的和谐与协调，这不仅对他们的身体健康有益，还能为他们带来愉悦感。这种积极的体验可以增强学生的自尊心，鼓励他们更多地参与和探索。

2. 促进学生的社会性发展

音乐活动既是一种个人体验，又是一种集体活动。一起唱歌、跳舞或演奏乐器，是一种人际交往方式。这种交往是建立在共同的规则上的。学生借此可以学习如何遵循规则，如何分享，如何与他人沟通。这种社会技能的培养，对于学生未来的生活和工作来说至关重要。当学生在音乐中与他人互动时，其正在建立友谊，学习如何合作、如何理解和尊重他人。这些人际关系的经验可以增强其自尊心和自信心，帮助其建立一个积极的自我形象。

此外，音乐还是一扇窗口，可以让学生了解来自世界各地的不同文化和传统。当学生听到不同的音乐、学习不同的歌曲或接触不同的乐器时，他们正在扩展自己的视野，培养自己的多元文化意识。

3. 促进学生的身体动作发展

在唱歌或演奏乐器时搭配适宜的肢体动作，能让学生的身体得到锻炼。无论是拍打、摇摆、跳跃、旋转，还是演奏乐器时的四肢动作，都能够刺激身体的大小肌肉群发育，对骨骼和韧带有着良好的锻炼作用。不仅如此，活动中与音乐的配合更是对神经系统反应速度和身体协调能力的一次考验和训练。

此外，音乐活动还能增强学生对身体的认知。在唱歌、演奏中，学生会更加深入地了解自己的身体，体验发音，形成关于声音（无论是人声还是乐器）和音乐的基本概念。具体到英语教学中，音乐活动可以帮助学生更好地理解和掌握语音、语调和节奏，使他们在学习中更加得心应手。

4. 促进学生的认知发展

音乐活动可以促进学生语言、感知以及记忆力、想象力和创造力的发展。在英语音乐活动中，歌词的学习和理解是英语学习的重要部分。当学生尝试学唱英文歌曲时，他们不仅要记住每一个单词和句子，还要理解歌词背后的含义和情感。这种学习方式，不仅能丰富学生的词汇量，还能提高他们对英语的理解和运用能力。与传统的书本学习相比，这种方式更为直观和有趣。学生在参与音乐活动时，需要细心听，不仅听歌词，还要识别不同的音符、节奏和旋律。这种对音乐的专注倾听，能锻炼学生的感知能力，使他们的听觉更为敏锐。

5. 促进学生的审美能力与创造力发展

歌曲本身是一种艺术形式，融合了旋律、节奏和歌词的表达。学生在学习歌曲的过程中，会接触到不同的音乐元素，如歌词的情感表达、曲调的起伏变化、乐器的搭配等。这种审美意识的培养，能为他们今后的生活添加更多的色彩和乐趣。

与此同时，学生可以在音乐活动中通过创作歌曲或修改歌词等来表达自己的情感和观点。这不仅能锻炼他们的想象力，还能提高他们的创造力。

（三）英语音乐教学法的课程设计

音乐，是一种跨越国界、文化与时代的艺术形式，能触动人的心灵。这样的魅力，当然也为教育领域带来了更多的可能性。在英语教学中，教师能够利用音乐来增强学生的学习效果。

1. 教学方法

与听录音相比，现场演唱往往更有生命力、更有感染力。教师亲自教唱能够起到积极的示范作用。当教师与学生一起唱歌时，这种交互过程远比听录音来得真实、有活力。这是因为现场演唱允许教师根据学生的反应和掌握情况灵活调整歌曲的学习进度。例如，在教授英文歌曲时，教师可以先唱整首歌，再逐渐引导学生加入，直到每个学生都能演唱这首歌曲。在学生和教师一同演唱的过程中，学生不仅是被动的听众，还是歌曲的参与者，也是歌曲创造的共同体。这种参与感能增强学生的学习积极性和兴趣，更有助于他们记住歌曲中的词汇和句型，从而达到教学的目的。

教师在教授新的英文歌曲时，分段教学会打破歌曲的连贯性，影响学生对歌曲完整含义的理解和欣赏。毕竟，一首完整的歌曲如同一个完整的故事，有起、承、转、合，如果只听其中的一部分，很难体会到整体的情感和意境。因此，教师在教新歌时应先唱完整首歌，让学生全面、深入地感受这首歌的魅力，再逐渐指导学生参与演唱。

2. 环境营造

在进行英语音乐教学过程中，充满创意和探索的环境可以激发学生的潜能，使他们更自由、自信地表达自己。为此，教师需要关注音乐活动的三个环境因素：教室条件、活动时间和心理氛围。

（1）教室条件。教室条件是音乐活动的物质基础。这不仅仅指的是教室的硬件设施，更多的是其中的乐器、材料和资源。

（2）活动时间。在一堂课中，教师可以特意设置一段时间进行音乐活动，这样可以让学生在一段时间内专心进行音乐的探索和创作。同时，教师也可以让音乐成为日常教学的一部分，如用来作为问候或课程教学的过渡。这种“渗透式”的音乐教学，不仅可以增加课堂的趣味性，还可以增强学生对音乐的认同感和参与感。

（3）心理氛围。对于学生而言，音乐不仅是艺术的表达，还是情感的宣泄。他们能在音乐中找到自我，找到与他人的连接。因此，教师需要为学生创造一个接纳和鼓励的环境，让他们无拘无束地表达自己，体验音乐的快乐。在这样的环境中，学生会更加自信，更加勇于尝试，对情感的体验和知识的理解也更加深刻。

3. 教学目标

在英语教学中，教师在制定教学目标时，应将促进学生的全方位综合发展作为出发点和立足点。在英语音乐活动中，学生应有机会通过唱歌、演奏乐器和身体动作来探索音乐，练习和提升倾听技能，欣赏和探索不同文化的音乐与乐器，展现自己的学习力和音乐创造力，提高自我认知与自我认可。教师可以通过提供各种各样的英语音乐体验活动，增加学生体验与实践的机会。音乐活动与英语教学的结合，能让学生最大限度地发挥他们天生的音乐才能和潜力，享受音乐和英语学习的过程。

二、音乐活动

人类对音乐有着天然的喜好和亲近感，如播放轻音乐可以安抚哭泣的婴儿，父母哼唱的摇篮曲可以平复孩子的情绪。音乐不仅仅是一种娱乐方式，更是一个国家、一个民族文化和传统的重要体现。对于学生而言，音乐具有特殊的意义。它可以帮助学生建立起与本国文化的深厚联系，同时为学生打开了一扇窗，透过这扇窗，学生可以了解、欣赏其他国家的音乐和文化。基于此，在英语教学中，可以引入音乐来开展多种类型的教育活动。

（一）音乐欣赏

在英语教学过程中，结合音乐的元素无疑能为学生带来更加深入的文化体验和语言习得。英语教师可以为学生提供多元化的音乐资源，帮助他们拓宽视野、增强语言能力和文化敏感性。

随着网络技术的飞速发展，学生可以较容易地接触到来自世界各地的音乐。从古典音乐的庄重，到轻音乐的流畅，再到非洲音乐的原始，每种音乐背后都蕴藏着独特的文化和历史。教师可以将这些资源利用起来，为学生提供了解不同词汇、文化、音乐风格的机会。

（二）乐器演奏

在英语音乐教学法中，辅以一定量的乐器演奏，能帮助学生借由演奏曲目了解更多的文化，以及乐器的特点。这对于学生的语言学习（如阅读曲目相关的文章）和综合素质的提升有一定的助力作用。

（三）动作与舞蹈活动

教师可以将英语、音乐、动作与舞蹈联系起来，设计一些游戏或教学活动，来帮助学生更好地掌握英文的词汇和句型、诗歌的韵律及语言的节奏感。这可以提升学生的学习兴趣，并使其身体的协调性得到发展。

（四）演唱活动

演唱，自古至今都被视为一种深情的表达方式。在英语音乐教学中，演唱是英语学习的有效方法。通过不同类型的英文歌曲演唱练习，学生可以更为自然地学习和使用英文。每一首歌曲都是一个小故事，它们中的词汇、句型以及文化背景都为学生提供了宝贵的学习资源。更为重要的是，演唱练习可以帮助学生矫正单词发音，加深对英文节奏和韵律的理解。与大声朗诵相比，演唱更具有生命力，因为它不仅仅有文字的表达，更是音乐与语言的完美结合。在歌曲中，词句衔接的节奏与韵律为学生提供了一个真实的语境，能够帮助他们培养英语的语感，更为流畅地使用英语。

在英语教学中，选择合适的歌曲并不是一件轻松的任务。这不仅因为歌曲的旋律或节奏，还因为其背后所蕴含的文化、价值和意义。教师需要根据学生的英语发展水平来选择歌曲。对于初学者来说，一个充满了陌生单词和复杂句型的歌曲很可能让他们感到困惑和挫败，因此，选择歌词简单、朗朗上口、有节奏感的歌曲是至关重要的。同时，歌曲的长度是一个关键因素。过长的歌曲可能会使学生失去兴趣，而过短的歌曲则可能没有足够的内容来实现教学目标。除此之外，教师还需要考虑歌曲的文化背景和其可能对学生产生的影响。一些歌曲可能来源于特定的文化或历史背景，这些背景对学生来说可能是陌生的，甚至可能与他们的民族文化背景发生冲突。为了确保学生能够理解和欣赏所学的内容，教师需要深入了解所选歌曲的历史和文化背景，并决定是否为学生提供相关的背景信息。

（五）音乐选择的注意事项

教师应避免使用可能含有种族、性别或其他形式偏见的音乐。这些音乐不仅可能伤害到某些学生的情感，而且可能在他们心中培养出负面的观念。当教师发现旋律很好但歌词有问题的歌曲时，可以考虑对其进行改编，使其更加中立和适合教学。

（六）低年级的英语音乐教学

1. 儿歌教学

在低年级学生的英语音乐教学中，经常采用儿歌教学的方式。一首好的儿歌不仅拥有简单重复的歌词、有趣的节奏和优美的旋律，还有助于学生对内容的理解和表现。对于低年级学生来说，简单重复的歌词有助于加强记忆，给他们带来成就感。而为了使英语儿歌教学过程更为生动有趣，教师一般会加入肢体动作来开展教学。

（1）手指谣。手指谣指的是配有手指动作表演的儿歌，它所包含的手指动作不只增添了儿歌的趣味性，更深层地促进了学生的多方面能力发展。[①]

手指谣可以帮助学生集中注意力。儿歌本身就具有吸引人的魅力。它的

① 崔照笛，孙早迪，张丽娜．小学英语教学基础 [M]. 长春：吉林大学出版社，2020：73.

旋律、节奏和歌词都可以深深地吸引学生。儿歌结合上手指动作，就像为歌曲披上了一层动感的外衣，使学生更容易记住歌词。每一个手势，每一个动作，都与歌词中的某一词汇或意象相对应，因此学生在模仿动作的同时，也在加深对歌词内容的理解。除此之外，手指谣还能培养学生的精细动作能力。学生在做手指动作时，在无意中会锻炼和加强自己的手部协调能力、灵活性和敏捷性。这些技能对于学生日常生活中的许多活动，如写字、绘画和其他手工活动都有很大的帮助。

在教学过程中，教师的方法和技巧尤为关键。传统的教学方式是，教师首先为学生唱一遍儿歌，这样学生就能对歌曲有一个整体的了解。然后教师在第二遍唱的时候，会加入手部动作，这时学生就可以跟随教师的动作进行模仿，逐渐掌握整首歌的旋律和动作。当然，节奏的把握也是非常关键的。在儿歌的曲谱中，通常会有2/4、4/4等节拍标注。教师在开始领唱时，需要确保自己的节奏与曲谱上的节拍相一致。这样，整首歌的节奏就能够被准确地传达给学生，学生也会更容易跟上歌曲的节奏，从而更好地学习和掌握儿歌。

为了确保学生能够更好地学习手指谣，教师在教授过程中可以适当放慢速度。这样，学生就有足够的时间去模仿教师的动作，逐渐熟悉歌曲的音律和歌词。随着时间的推移，学生会越来越熟练，能够独立完成手部动作和歌唱。

（2）律动儿歌。低年级学生在听到音乐时，身体常会本能地跟随节奏扭动。这种身体的反应，实际上是学生在无意识中对音乐的探索和解读。通过身体的律动，学生可以更好地感受音乐的魅力，更直观地理解音乐的情感和节奏。这种身体与音乐的互动，不仅有助于学生的协调能力发展，而且可以增强学生的音乐感。当学生的身体随音乐摆动时，他们实际上正在训练自己的节奏感，培养对音乐的敏感度。

教师应该充分理解并珍惜学生这种对音乐的热情和反应。将身体律动融入低年级英语音乐教学中，不仅可以让学生更加享受学习的过程，而且有助于提升教学效果。在低年级英语音乐教学中，教师可以为学生提供把身体当成“乐器”的机会，让他们通过拍击手掌、跺脚等方式回应音符，这样不仅可以培养学生的音乐节奏感，还可以激发学生的学习兴趣。这种教学方式需要选择合适的节奏型音乐，因为节奏型音乐具有重复性，易于学生捕捉和理解，而且这种重复性可以帮助学生更快地掌握英语的音节和语调，使学习更加高效。

律动儿歌的教学方式不仅鼓励学生通过身体部位来体验和表演儿歌内容，而且促使学生有更多的机会去探索儿歌背后的各种情感和节奏。当学生根据儿歌内容控制身体的特定部位做出动作时，他们实际上正在锻炼自己的身体控制能力，这对于他们理解身体与空间的关系有着很大的帮助。

2.集体音乐活动

集体音乐活动为学生提供了合作和分享的机会。在集体音乐活动中，学生不仅能够体验到音乐的魅力，而且能在其中学会合作与分享。教师在开展集体音乐活动时，通常会为学生提供多种音乐种类的体验。同时，为了确保教学活动的顺利进行，教师还需要精细地准备教学资源、器材和材料。

活动开始之前，教师通常会用问候音乐来集中学生的注意力。这种问候音乐一般会使用可以呼唤学生名字的歌曲。当学生听到自己的名字时，他们的注意力会很快被吸引过来。这样，当所有学生都安静下来、聆听自己的名字时，教师就可以开始教授需要学生专心聆听的教学内容了。

过渡音乐也是集体音乐活动中非常重要的一部分。它有助于教师调节课程的教学节奏，有效利用课程内容转换时的碎片时间，使课程内容过渡得更自然。过渡音乐的作用主要体现在开始和结束分组活动时。当需要学生分组时，教师可以通过播放过渡歌曲来告诉学生这个信号。学生可以按照歌曲的节奏和内容，依次被分配加入或离开小组。这种方法不仅避免了因多人同时行动而可能出现的秩序混乱，还能让学生在参与过程中感受到音乐的韵律和节奏，使整个教学活动更加和谐、流畅。

第二节　艺术教学法

一、艺术教学法概述

（一）艺术教学法在英语教学中的作用

每个地域都有其独特的文化特色，而艺术正是展示文化特色的重要方式之一。无论是绘画、雕塑、音乐还是舞蹈，都是某一地域文化的代表，传达了人们的思想、情感和审美。人类会用各种艺术形式来表达内心的情感和看法，而在欣赏艺术品时，则会进行深入的思考和判断。教育的目的是促进学生的全面发展，创造性发展则是其中的一个重要方面。创造性不仅仅是发明新事物，更是一种新的看待问题和解决问题的方式。

创造性发展涉及学生的情感、思维和审美能力的培养。其中，创造性发展与情感发展有着紧密的联系。创造性是对个体自我和外部世界的认知的深入表达，而情感则是个体与这个世界互动的桥梁。

初级阶段的英语学习者，在尝试与他人进行语言交流时，经常会面临口语表达上的挑战。这不仅仅是由于语言知识的不足，更多的是情感和创造性表达的缺乏。在这样的情况下，艺术形式成为一个很好的工具来帮助学生跨越这个障碍。当学生无法用语言准确描述自己的情感时，他们可以通过绘画、雕塑或其他艺术形式来进行表达。这样的表达方式不仅可以帮助学生更好地理解和消化自己的情感，还可以促进学生的英语语言能力的发展。因为在这个过程中，学生要学习如何用英语来描述自己的艺术作品，这无疑是对他们英语表达能力的一种训练。

对于高年级学生的英语教学，由于他们已经在美术教育中获得了一定的知识和技能，因此在英语课堂上，教师可以充分利用这些知识和技能，将它们与英语教学相结合。例如，教师可以给学生一个关于 home（家）的主题，让学生用画笔创作自己理想的家。完成后，学生需要用英语描述自己的作品，这不仅可以加深学生对 home 单词的理解，还可以锻炼他们的英语口语表达能力。

此外，通过艺术形式的英语教学，学生还可以培养一系列的综合能力。例如，当学生在创作艺术作品时，他们需要运用创造性思维，这不仅可以培养他们的创新能力，还可以锻炼他们的发散性思维。

（二）英语艺术教学设计

无论是什么样的课程，都应该为学生提供一个明确的目标和充分的机会来探索和表达自己的创意。然而，要在一节课中将所有的目标全部涵盖是不现实的。英语艺术课程的成功与否，取决于教师如何巧妙地将目标与实际的教学内容和方法结合在一起。

教师在制订课程计划时，应该明确并与学生分享课程的目标。这样，学生就能更加清晰地了解自己在学习过程中应该达到的标准。明确的目标不仅可以为学生提供清晰的方向，还可以使他们保持高度的学习积极性，从而推动他们取得更好的学习效果。教师制订的课程计划不仅要具有结构性，还要前后衔接，使学生可以循序渐进地学习。同时，课程中应该包括小组活动、问题讨论和实际操作等多个环节，以使学生能够在各个阶段都有所收获。在制订和实施课程计划时，教师还应该使教学内容与美术知识和技巧有所关联。这样，学生在学习的过程中，既可以掌握美术知识和技巧，又可以通过英语进行交流和表达，从而促进他们的英语学习。

对于学生来说，仅仅依赖于教师的教学内容和方法是不够的。在英语艺术学习中，学生的自主性是至关重要的。这是因为，学生只有自主探索和创作，才能真正地培养出审美与批判思维。为了鼓励学生的自主性，教师可以为学生布置一些具有创造性的作业。例如，尝试各种水彩画颜料涂鸦、比较不同绘画工具的绘画效果等。完成后，教师可以组织小组讨论、集体讨论和集体作品展示，使学生有机会交流观点、互相评价和反馈。这样，学生不仅可以学到美术知识，还可以通过英语交流，提高自己的英语运用水平。

（三）英语艺术教学形式

英语艺术教学法着眼于如何通过结合艺术活动进一步加强学生的英语语言学习。这种教学法的核心不仅仅是让学生学会语言，更是希望他们在艺术的浸润下，更自然、更深入地掌握语言。为此，选择合适的教学方法和语言至关重要。当课程内容变得有趣和吸引人，学生的参与度会显著提高，他们会更加积极地参与到课堂活动中。而绘画等艺术活动，本身就带有强烈的趣味性和探索性。学生可以在参与艺术活动的过程中，与他人交流自己的想法，描述自己的作品，这不仅能锻炼他们的英语口语能力，还能提升他们的创造性和想象力。

此外，为了确保学生能够深入理解和掌握学习内容，设计核心问题的讨论是非常必要的。这些核心问题可以围绕艺术作品的创作背景、技术手法或是感受等方面展开。通过小组讨论或全班交流，学生可以针对这些问题进行深入思考。同时，这种互动的讨论方式，有助于增强学生的表达能力、团队合作能力和批判性思维。

1.学生交流代替教师“自说自话”

在现代教育领域中，越来越多的教育专家和教师意识到，要提高教学效果，就需要摒弃那种教师“自说自话”的传统教学方式，转而让学生更多地参与课堂交流和讨论。教师“自说自话”的现象从某种程度上阻碍了学生的学习进步。教师占据大部分讲话时间，自问自答，不仅剥夺了学生表达自己观点的机会，而且限制了他们的思考，从而影响学习效果。对此，英语艺术教学法尝试通过引入更多的互动环节来克服这一问题。

在英语艺术教学法中，教师将绘画等艺术活动作为英语交流的载体。例如，学生或被要求用英语描述自己的绘画作品，或用英语讨论一个艺术主题。通过这样的方法，学生不仅可以学到新的词汇和表达方式，还可以在实际的交流中锻炼自己的语言能力。在互动中，“多向交流”是英语艺术教学法的一个重要特点。它不仅包括教师向学生提问，还包括学生之间的相互讨论和交流。这样的交流模式不仅可以让学生更好地理解和掌握课程内容，还可以培养他们的批判性思维和合作精神。

要实现“多向交流”，就需要教师具备一定的敏感度和灵活性。教师需要能够识别学生的需求，还要能够创造一个支持多向交流的课堂环境。例如，教师可以设计一些团队活动，让学生在小组内部讨论一个主题或解决一个问题。或者，教师可以设计一些角色扮演的活动，让学生用英语进行沟通和交流。除了改变教学方式，教师还应该改变评估学生的方式。教师可以通过观察学生的参与度和交流能力来评估他们的学习效果，而不是仅仅依赖于传统的笔试或口试。

2. 制造有“惊喜”的课程导入

随着教育技术和方法的不断发展，越来越多的教师意识到传统的教学方式已经不能满足学生的学习需求。为了提高学生的学习积极性和兴趣，让课堂更具活力，制造“惊喜”的课程导入成为很多教师追求的目标。当学生进入教室能够得到某种新奇的体验时，他们对课程的兴趣和参与度就会大大提高。而这种“惊喜”不仅仅是为了满足学生的好奇心，更重要的是要通过这种方法来促进学生的学习。

制造“惊喜”的方式有很多。例如，教师可以设计一个与课堂主题相关的小游戏或者互动环节，通过这种方式来调动学生的学习兴趣和积极性。或者，教师可以引入一些与课堂内容相关的热点新闻或者社会事件，将课堂内容与学生熟悉的现实生活结合起来，让学生能够更好地理解和掌握学习内容。此外，制造“惊喜”也可以通过语言来实现。教师可以运用幽默、夸张或者其他修辞手法来吸引学生的注意力，让课堂变得更加生动和有趣，或是利用一些生动的例子和故事来解释和阐述课堂内容，使学生能够更好地理解和记住所学知识。

当然，制造“惊喜”并不意味着教师要随意改变课堂内容或者破坏教学计划。相反，所有的“惊喜”都应该围绕着课堂主题和教学目标来设计。通过制造“惊喜”，教师不仅可以提高学生的学习兴趣和积极性，还可以更好地实现教学目标，提升学生的学习效果。

二、创意艺术

学生的艺术创作具有较强的自发性。他们的创作不是为了追求所谓的

“正确”，而是为了表达自己真实的情感和想法。对他们来说，创作是一种探索，是一次与内心深处对话的旅程。创作的价值不在于结果，也不在于作品本身是否完美，而在于创作过程中学生的心灵得到了释放和滋润。

英语艺术教学是一个广阔的领域，涵盖了多种途径和媒介。例如，学生可以通过编写英语歌曲、创作英语诗歌、制作英语手工艺品等方式来展现他们的创造力。在这个过程中，教师不仅能够发现学生与生俱来的、超乎想象的创造力，而且能够激发学生对英语的兴趣和热爱。

（一）学生的艺术创作是一种语言

艺术是学生全面发展过程中不可或缺的一部分，不仅能够拓宽学生的知识领域，而且能够激发学生的创意与潜能。在英语教学中，教师可以将艺术作为教学工具，通过画画、雕塑或音乐等方式，帮助学生更好地理解和记忆词汇和概念。与此同时，艺术也是一种有效的情感连接工具。例如，视觉图像有其独特的力量，它所传达的情感和复杂性很多时候通过文字是难以表达的。因此，学生可以借助艺术语言来表达自己的情感和思考。一旦承认艺术是一种语言，那么对学生创作的艺术作品的尊重就显得尤为重要。尊重并不仅仅是表面上的赞美，而是真正地去欣赏、理解学生想要通过作品传达的信息。简单的“多么漂亮！”或者“好看”并不能给学生真正的鼓励，因为这样的话语并没有真正触及学生的心灵。真正的尊重来源于对作品的深入观察和理解。教师应该在评论前先细致地观察学生的作品，试图从中找到学生想要传达的信息，而不是直接给出评价；教师更应该先询问学生的创作灵感来源，以及他们想要通过作品表达的内容。在教师真诚的尊重和认可下，随着学生艺术表现力和英语语言表达能力的提高，他们能够更清晰地描述自己的作品，以及作品表达的感情。

（二）教师组织英语艺术活动

在英语教学中，创意艺术活动可以激发学生的创造力和表达能力。对于理解艺术价值的英语教师而言，引入艺术教学方法几乎成为他们教学的自然延伸。而当教师亲自参与到这些艺术活动中时，他们不仅能与学生建立更深的联系，还能更深入地了解学生的学习过程和需求。

在英语教学中，教师有很多机会开展英语艺术活动，并依托艺术活动进行英语教学。例如，教师可以设置 nature（自然）的主题，让学生使用黏土制作动物或植物模型；可以为学生提供各种材料，让学生体验和观察这些材料的使用效果，如乒乓球滚画、水气球印画。

当然，单纯的创作并不足以实现语言教学的目标。在体验过程中，学生需要使用英语来交流和描述。教师在艺术活动中应该观察和理解学生的思路和方法，对学生的优秀表现及时给予肯定。

在英语艺术活动中，教师可以利用提出问题、评论作品或引导的方式来激发学生的参与兴趣，帮助学生提升英语表达能力。例如，当学生正在创作时，教师可以问："How did you make it?"（你是怎么做到的？）或者当学生需要某些材料时，教师可以问："What materials do you need?"（你需要什么材料？）这样的问题是为了进一步了解学生的需求，鼓励他们使用英语进行沟通和表达。在评价学生作品时，教师可以说："I see you choose three different colors."（我看到你用了三种颜色。）或者说："Your painting looks much bigger now."（现在你的画看起来更大了。）这样的评论不仅仅是对学生作品的肯定，更是鼓励他们使用英语来描述自己的作品。

（三）创意艺术中的英语教学

结合艺术与英语的教育方式是一种独特而有效的方式，能够提升学生的艺术创造力和英语表达能力。在学生的艺术创作与学习过程中，教师可以有计划地将英语学习融入其中，使学生在享受艺术的乐趣的同时，提高他们的英语表达能力。

书面语与口语虽然存在一定的区别，但它们的学习方法是类似的。下面主要介绍创意艺术与英语口语教学的结合，创意艺术与英语书面语教学的结合可据此参考。

1. 艺术活动中的英语口语教学

在英语艺术创作中，学生将进行双重的表达：一方面是通过艺术形式来描绘他们的内心世界，另一方面则是通过英语口语来描述他们的作品。在这一过程中，教师可以帮助学生将他们通过艺术创作表达出来的情感和想法转化为英语口语表达。这样的教学方式，既可以帮助学生提升艺术修养，又可以培养他们的创新意识和自我表达的勇气，还能提高学生的英语表达能力。

2. 审美欣赏中的英语口语教学

艺术活动不仅能培养学生的审美能力，而且为学生提供了一个深入接触与欣赏艺术的平台。手工艺品的制作和欣赏、名画的赏析等，都蕴含了对美的追求与体验。在这些活动中，教师可以有意识地将英语口语引入其中，使学生在制作或欣赏艺术作品的同时，提升英语口语能力。比如，在解析一幅名画的时候，学生可以被鼓励用英语去描述画中的色彩、形状和故事背景，从而增强他们的语言表达能力。此外，教师还可以组织学生进行外出写生。在大自然的怀抱中，教师可要求学生用英语来描述他们的所见所感，这不仅可以丰富他们的词汇量，还可以加深他们对于自然和文化的理解和感悟。

此外，英语动画视频是一个非常好的教学工具，它可以很好地展现人物的动作和场景的变化，为学生提供艺术创作的灵感和素材。通过观看英语动画视频，学生可以学习到色彩和色调的运用、构图技巧和场景切换的方法，还能在无形中提升英语水平。教师还可以引导学生通过复述人物台词、扮演动画角色或进行小剧场表演来进行互动演练，使他们在享受艺术的乐趣的同时，也能够锻炼英语口语能力。

3. 艺术评价中的英语口语教学

语言不仅是交流思想和情感的工具，还是理解和评价艺术作品的关键因素。在英语艺术创作中，通过英语来评价艺术作品可以提高学生的艺术分析能力和英语水平。

在评价美术作品时，教师首先要引导学生对作品进行直观反应和感受。例如："Do you like this painting?"（你喜欢这幅画吗？）"What color is this painting?"（这幅画是什么颜色？）这样简单而直接的问题能够引发学生的初始反应，也为更深层次的讨论铺垫了基础。之后，教师可以深化讨论，引入更复杂的问题和主题。教师可通过分享艺术家的背景和历史，引导学生理解作品更深的含义和目的。例如，在讨论克劳德·莫奈（Claude Monet）的画作《日出·印象》(*Impression Sunrise*）时，教师可以播放相关的传记影片和场景再现，这样可以帮助学生更好地理解莫奈对光影的描绘。教师可以鼓励学生深化英语表达，要求他们用更丰富、更精确的词语来描述自我的看法和感受。教师还可以引导学生从不同的视角来看待艺术作品。例如，学生可以讨论艺术家的创意过程，或者从历史背景的角度来解读作品。这样的教学形式不仅能够提高学生对艺术作品的理解和欣赏能力，还能够提高他们的英语口语表达能力。

三、简笔画教学

利用简笔画开展教学能够为英语教学，尤其是低年级的英语教学注入活力。通过简笔画，学生不仅可以直观地理解单词的含义，而且可以提升表达能力、观察能力和思维活跃度。这种方法不仅能增强课堂的互动性，还能为学习带来趣味性，使学生更为投入，增加对英语学习的热情。

（一）边说边画

在英语教学中，“边说边画”的教学方法是一个创新性和高效的方式，为学生和教师提供了一个更加生动和直观的交流途径。通过画画来辅助教学，不仅可以让学生更好地理解新的词汇和概念，还能帮助他们充分展示自己的创造力和表达能力。

教师可以巧妙利用这种方法来引入新的课程内容，让学生在猜测画作内容的过程中不知不觉地回顾和复习已学过的词汇。比如，在介绍天气主题时，教师可以通过画一个太阳来逐步介绍和引导学生猜出 sunny（晴朗的）这个词。这不仅可以帮助学生复习和强化已学过的词汇，还可以激发他们的想象力。教师也可以让学生通过绘画来表达和描述他们所学的新知识。这样的练习可以从根本上提高学生的表达能力和语言应变能力，使他们避免陷入“哑巴英语”的困境。

在英语教学中融入“边说边画”的教学方法，有以下一些好处。第一，促进学生的主动学习和自主思考。学生可以在绘画和创作过程中将被动的记忆转变为主动的叙述，这不仅可以加深他们对知识的理解，还可以提高他们的公共演讲能力。第二，避免了传统的填鸭式教学，鼓励学生通过理解和实践来掌握知识。这也意味着学生有更多的机会来探索和发现，而不是被动地接受知识。第三，有助于形成一个互动和参与度较高的学习环境。在此环境中，学生被鼓励去思考、讨论和分享他们的见解和理解。第四，提高学生的注意力和专注力。因为学生不仅仅是在听课，更是在积极参与课堂活动。

（二）看图说话

看图说话是一种独特而有效的英语学习和练习方式，也就是学生根据图的内容和自身对其的理解，运用英语语言来描述内容。这种练习方式属于英语语言交际的范畴，能对学生的多种能力进行锻炼。首先是词汇记忆能力——学生需要有足够的词汇量来描述图中的各种细节。其次是对细节的理解能力——学生需要能够准确地识别并理解图中的主题和情境。最后，为了能够准确、流畅地描述图像内容，学生的语言组织能力也将受到挑战。

看图说话方法的优点在于它的简单和直观。由于有图的提示，学生可以更容易地找到表达的切入点，这使这种练习方式尤其适合初学者和低年级的学生。他们可以从简单的描述开始，随着英语能力的增强，逐渐增加描述内容的复杂性。

看图说话鼓励学生的个性化表达。人们对于同一幅图的解读都会有各自独特的视角和方式。这种差异性让这种练习方式更加有趣和生动，因为学生可以自由地表达自己的观点，而不是仅仅追求标准答案。因此，评估这种练习时，教师更应关注学生的描述是否符合逻辑、是否连贯，而不是简单地评判其对错。

教师在指导学生进行看图说话的练习时，应注意以下几方面。

1. 明确主题

在英语看图说话的练习中，首先要做的就是明确主题。为了确保学生的描述与所给图的主题和内容相符，教师可以进行适当的引导。通过观察和理解图中包含的信息，学生可以找到图中的各个元素，或是一组图之间的内在联系。这些元素和联系可以是事物的变化、因果关系或环境要素等。在观察的基础上，学生需要进行深入思考，进而用自己的话进行描述。这不仅可以训练学生的观察能力和逻辑分析能力，还有助于培养他们的英语口语表达能力。

教师应认识到每个学生都是独特的。他们对于抽象或生动的图的理解力并不完全相同。有些学生可能更容易抓住图的主题，而有些学生可能需要花费更多的时间来理解图中的细节。因此，教师在引导过程中，应当鼓励学生独立思考，激发学生的创造性，并尊重学生的个性化表达。这种鼓励和尊重有助于激发学生的兴趣和热情，使他们更加积极地参与到英语看图说话的练习中。

避免千篇一律和从众心理也是教师在指导学生进行英语看图说话练习时应当重视的方面。每个学生都有自己独特的观点和思考方式，他们的描述应当是多样的，而不应是单一的。如果学生都在重复相同的描述和观点，那么这种练习的价值就大打折扣了。因此，教师应当鼓励学生发掘自己的思考，挖掘图中不同的细节和角度，进行创造性和个性化表达。

2. 清晰论述

英语看图说话能有效地培养学生的逻辑思维和语言表达能力。通过对图的解读和描述，学生可以更直观地理解和感知所要表达的内容，从而更加精确地使用词汇和句式进行描述。这种学习方式的训练核心在于清晰、有条理地展开描述，使听众或读者能够轻松理解所传达的信息。

为了使学生的表达更为有条理，教师在教学过程中可以专门对连词的用法进行指导。连词在英语中扮演着至关重要的角色，它们像桥梁一样连接各个句子。连词的恰当使用，可以使语句间的关系更加明确，从而让整个描述更加流畅和连贯。例如，当描述一幅图中的两个相似点时，可以使用 and 或 as well as 这样的并列关系连词。当需要在描述中增加一个补充点时，in addition 或 moreover 这样的递进关系连词会很有用。而在描述中，如果出现了两种相反的观点或情况，but 或 however 这样的转折关系连词可以帮助明确这种对比。

学生在描述时可遵循“总—分—总”的论述结构。开头的描述可以开门见山，直接提炼核心内容，让听众或读者一开始就能把握住主题。接下来，可以使用连词将各个部分有条理地串联起来。而在描述的结尾，可以简要重复一下核心内容，加强听众或读者的印象。

3. 书面表达

英语看图说话是一种非常实用的教学方式，它鼓励学生对图的内容直观地表达自己的观点和想法。对学生来说，这种表达方式不仅能够锻炼他们的语言能力，还能提高他们对信息的解读和理解能力。同时，这种方法对于增强学生的自信心和积极性也大有裨益。

课堂教学时间有限，学生在课堂上可能无法深入思考，甚至可能缺少表达的机会。在这种情境下，学生很可能只是提供一个简短、粗略的描述，而无法展开完整的表达。这显然不能充分发挥看图说话练习的潜在价值。为了解决这个问题，教师可以巧妙地将课堂教学和课后作业结合起来。课后作业可以为学生提供一个宽裕的环境，使他们有更多的时间和空间来整理和完善自己的想法。具体来说，教师可以让学生回忆课堂上的口语描述，然后基于教师的反馈和提示，将这些描述转化为书面形式，并进一步完善它们。在书面表达过程中，学生需要注意：表述紧贴主题，表达清晰、具有逻辑性，拼写准确，遵循语法规则，正确使用标点符号。

4. 词汇扩充

在课程设计方面，教师应通过多种方式来扩充学生的词汇库，为他们提供一个丰富的语言环境来支持他们的表达。这不仅能帮助他们在口语表达时更好地传达他们的思想，而且能够在他们进行书面表达时为他们提供更多的语言工具。词汇量的积累和日常练习是提高语言能力的关键。在长时间的课堂学习中，学生将逐渐掌握更多的词汇和表达方式，这将有助于他们在口语和写作方面取得更好的成绩。教师可以通过持续的练习和反馈来促进学生的进步，帮助他们建立一个坚实的基础，使其英语表达中用词更加精确。

第三节　游戏教学法

一、英语游戏教学法概述

为了确保学生能够真正掌握并自如地运用英语，教师应采取各种创新方法来提高学生的语言应用水平。英语游戏教学法把学习嵌入各种情境，让学生在游戏中自然地使用英语。在游戏中，无论是描述、复述、提问，还是表达愿望和寻求帮助，都为学生提供了一个实践的平台。在这样的实践中，学生不仅能够应用所学，而且能在真实的交流中体验和修正自己的英语语言运用。

（一）英语游戏教学法对学生发展的影响

作为一种有效的教学方法，英语游戏教学法给学生带来的影响主要包括以下几方面（见图 4–2）。

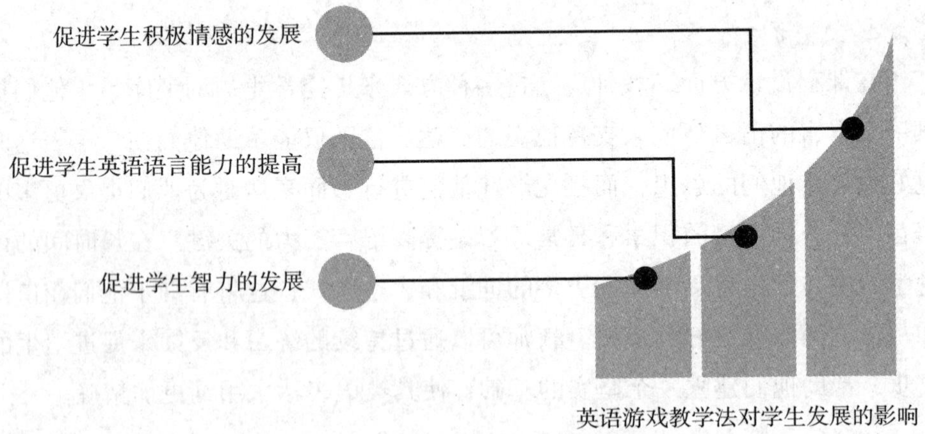

图 4–2　英语游戏教学法对学生发展的影响

1. 促进学生积极情感的发展

游戏是学生探索世界、认识自我、建立社交关系的方式。把游戏引入英语教学，不仅可以帮助学生建立对学习的积极态度，还可以让他们在快乐中掌握新知识。当学生投入自由、宽松的游戏环境时，他们不再感受到外界的压力和束缚，自然地展现出自己的正向学习能力。在这种环境下，教师提供的新鲜、有趣的活动，如同种子在肥沃的土壤中发芽，能迅速激发起学生对英语的兴趣和热情。

2. 促进学生英语语言能力的提高

传统的教学方法往往会让学生觉得无趣，而当英语与游戏结合后，整个学习过程发生了很大的转变。英语游戏教学法不仅赋予学生一个真实的语言应用场景，而且使学生在玩耍中自然而然地运用英语。在这种方法下，学生并不会觉得自己在学习语言，而是沉浸在游戏的乐趣中。他们无须特意思考如何用英文表达，因为他们的大脑已经在游戏的过程中无意识地激活了英语知识。这种教学法能消除学生对英语的恐惧感。他们不会再觉得说英语是一种压力，也不再把它当成一项必须完成的任务；相反，他们会开始认为英语是一种与他人沟通、表达自己想法的自然方式。同时，这种教学法的好处还有游戏中的每一句对话都是真实和自发的，没有任何约束。

3. 促进学生智力的发展

游戏在学生的智力发展中扮演了至关重要的角色。语言能力，特别是早期的语言能力，是学生智力成长的明显指标。在英语语言学习中，英语游戏正是这一成长过程中的理想工具。通过参与这些游戏，学生的倾听、理解、表达以及阅读和书写能力都能得到明显的增强。而其影响远不止于此。英语游戏不仅能提高语言技能，而且有助于培养学生的各种认知能力。当学生沉浸在游戏中时，他们的专注度得到了训练和提升，这对于今后的学习和工作都是宝贵的财富。同时，记忆力和观察力在游戏中也能得到锻炼，这能够使他们更好地理解和掌握新知识。

（二）英语教学游戏的选择与设计

英语教学游戏在现代教育中受到了广泛关注，其原因在于它们融合了游戏性、语言性和教学性三大特质。在英语教学游戏选择与设计的过程中，三者之间的平衡尤为关键。教学性作为基础保证了游戏与教育目标的契合，语言性确保了学生在游戏中能够有效地学习和运用英语，游戏性则为学生带来了趣味性和参与感，提高了学生的学习积极性。为了确保英语教学游戏能够真正实现其潜在价值，任课教师还需要考虑教学因素、学生因素、教师因素、环境因素等多种因素。

1. 教学因素

（1）英语教学的目的。英语教学游戏应该有明确的教学目的。教学游戏不应该仅仅为了好玩，而是要围绕具体的教学目标进行设计和实施。这意味着，任课教师需要在设计游戏之前，明确通过这个游戏要培养学生的哪种语言能力，例如听、说、读、写等。只有明确了目标，任课教师才能有针对性地设计游戏内容和环节，确保游戏活动能真正帮助学生提高英语水平。

（2）语言使用的目的。游戏教学并不是简单地玩游戏。为了达到教育目的，游戏的选择和设计尤为关键。教师应该深入考虑游戏中的语言情境与真实生活的联系。如果游戏中的情境与生活中的场景高度契合，学生在玩游戏的过程中会更容易记住和掌握语言，因为他们会意识到这些语言在实际生活中的应用价值。同时，游戏内容和规则不应该是固定不变的，而应该随着学生的学习进度和能力进行调整。例如，对于初学者，游戏内容和规则可以简单一些，以便他们能够轻松参与并从中获得成功的体验。随着学生语言能力的提高，内容和规则可以逐渐增加难度，从而推动学生不断前进。在内容方面，由于不同的学生可能对不同的游戏感兴趣，因此教师可以根据学生的喜好选择或设计游戏，以保持他们的学习热情。

（3）多元化教学的目的。在英语课程中，传统的教学往往只侧重于语言智能的培养。实际上，英语学习不仅仅是学习语言，还涉及文化、情感、认知等多个层面。因此，教师应该采用多元智能的观点设计教学活动和内容，以全面培养学生的多元智能。多元智能包括语言智能、数理逻辑智能、音乐智能、空间智能、身体运动智能、人际交往智能、自我认识智能、自然认识智能等。作为基础学科课程，英语不仅要培养学生的语言表达和听说能力，还涉及学生的认知、观察、分析能力的提高，以及情感态度的熏陶和文化意识的培育。这种多元化的教学目的，要求任课教师在设计和选择教学方法时，特别是在运用游戏这一教学手段时，要具备全面的视角。

2. 学生与教师因素

（1）学生英语语言水平。英语教学游戏重在通过游戏来培养学生运用英语的能力。设计这样的游戏并非易事，因为它需要教师深入了解学生的英语语言水平。只有在清楚了解学生的现有英语能力后，任课教师才能选择或设计一个既有趣又具有教育意义的游戏。为了确保游戏的教学效果，选择或设计的游戏应与学生需要掌握的新教学内容相匹配。游戏的语言教学要求应该既能巩固学生已有的知识，又能帮助他们掌握新的内容。任课教师对每一个细节，从词汇到语法，都应该精心设计，以确保学生能够在游玩的过程中自然地吸收新知识。

（2）班级规模与活动人数。英语教学游戏的选择与设计是一门艺术和策略的结合，其中需要综合考虑多个因素。例如，考虑学生的人数，以确保每个学生都有充分的机会来使用和练习英语。对于低年级的学生来说，教师可以选择控制性较强的集体游戏，这样可以更好地引导学生并保持课堂的秩序。通过设计一些集体游戏，教师可以确保每一个学生都能够参与到语言的学习中来，从而有助于建立他们的基础知识和技能。相比之下，在中高年级，学生已经具备了一定的自律性和基本的英语能力，此时可以让他们参与自主性更强的小组游戏活动。这样的活动不仅可以促进学生之间的交流和合作，还能培养他们的自主学习和解决问题的能力。小组游戏也为学生提供了一个更自由、更开放的学习环境，让他们有机会探索和使用英语，从而在实际应用中提高他们的语言技能。

（3）学生与教师的性格与兴趣。教育的核心是学生，所以任课教师在选择与设计游戏的过程中，确保游戏与学生的兴趣、真实心理和生理特征相匹配至关重要。一个与学生兴趣相符的游戏会大大提高学生的参与度和学习效果。同样重要的是教师自身的性格和对所选择或设计的游戏的兴趣，因为这直接影响游戏活动的进展。只有当教师自身认可该游戏时，才能营造出一个轻松、愉悦的学习环境。教师可以依据个人的兴趣、爱好、特长和教学经验来选择游戏。例如，如果教师喜欢运动，可以选择需要运动技能的游戏；如果教师具备强大的逻辑分析和推理能力，可以选择需要这些技能的游戏。此外，教师还可以根据自身的想象力、观察力、记忆力以及艺术创造力和表现力来设计游戏。此外，在游戏教学的实施过程中，教师应该具备灵活性和适应性，根据学生的反应和进度对游戏进行必要的调整。

3. 环境因素

（1）游戏时间。时间对于学生的学习和专注训练是至关重要的。任课教师在选择与设计游戏时，要深入了解游戏需要的时间以及学生能够持续参与的最佳时长。低年级的学生，由于其自控力和专注度的天然限制，往往不能持续在一个活动中保持兴趣很长时间。简短、有趣的游戏活动通常更受低年级学生的欢迎。中高年级的学生可以玩时间稍长一些的游戏。但对于那些需要长时间才能完成的游戏，教师要进行精确的规划，确保每个游戏环节都与学生的兴趣和能力相匹配。这样的细致计划可以确保学生在游戏的整个过程中都保持高度的参与度。

（2）活动空间。教室的空间环境不仅影响学生的舒适度和安全，还直接影响可选游戏的类型和形式。例如，一个锻炼大肌肉群的体育游戏，在狭小的教室内进行显然是不适合的。这样的游戏需要宽敞的空地或运动场地，以确保学生可以自由地活动，同时保证其安全。教室环境适合进行垂直和水平方向的游戏活动。这种环境下的游戏包括音乐律动、歌曲互动、绘画、艺术手工活动，以及单词和对话游戏、故事游戏、体验与探索游戏等。这些活动不仅能调动学生的积极性，还可以利用教室内现有的教学条件和环境资源。

二、英语语言游戏

（一）英语语言游戏的概念

游戏是人类的一种基本活动形式。那些单纯为了自娱自乐的话语，可以称为随意性的语言游戏。用于教学的语言游戏与随意性的语言游戏存在本质上的区别。这种语言游戏是在教师的精心设计和引导下，让学生在一个有趣、互动的环境中，进行目的明确的语言练习。英语语言游戏是基于学生的语言发展特点而量身定制的，充分考虑学生的兴趣和需求而设计出来的有趣的、目标明确的英语教学活动，其中涉及了大量的教育学和心理学知识，是对教育方法的一种创新。“教学游戏化”“游戏教学化”的方法，使学生在参与游戏的过程中，不仅能够增加词汇量，还可以通过对话、提问和回答等方式，对英语句子结构进行实际操作和练习。英语语言游戏注重词汇的使用。因为词汇是语言的基石，只有熟练掌握了大量的词汇，才能够更好地进行语言的沟通。而在游戏中，学生可以在真实的语境中使用这些词汇，从而加深对它们的理解和记忆。

（二）英语语言游戏的特点

1. 明确的英语语言教学目标

每一个英语语言游戏背后都隐藏着一个或多个教学目标。这些目标旨在帮助学生在实践中掌握特定的英语语言技能。英语语言游戏旨在教授词汇、语法、发音或其他语言技能。教师通过选择或设计相应的游戏，能帮助学生在游戏过程中实践、应用并掌握这些技能。这种目标明确性确保了游戏不仅仅是为了娱乐，而是为了达到具体的学习效果。

2. 明确的游戏规则

为了确保游戏能有效地帮助学生达到学习目标，规则的制定至关重要。这些规则不仅需要简单明了，易于理解和遵循，而且需要与所要达到的学习目标紧密相连。合理的规则，有利于学生对英语的学习和记忆。

3. 以英语学习为核心

尽管被称为“游戏”，但在英语语言游戏中，学习始终是核心内容。在游戏的初期，教师要帮助学生理解游戏规则、示范如何玩游戏，并组织游戏活动。在学生逐渐熟悉了游戏的玩法后，教师的角色逐渐转变，从主导者变为指导者，最终让学生能够自主地进行游戏。这种逐步的过渡不仅利于游戏的开展，而且有益于学生自主地使用和实践所学知识。

（三）英语语言游戏的设计步骤

英语语言游戏的设计步骤如图 4-3 所示。

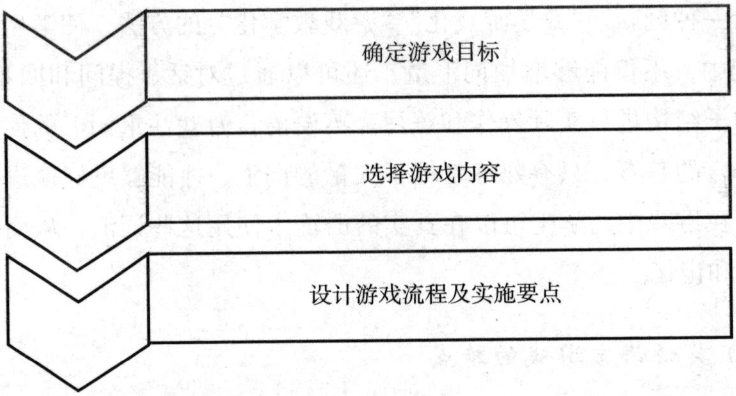

图 4-3　英语语言游戏的设计步骤

1. 确定游戏目标

每一个成功的教学游戏背后都有明确的教学目标。对于英语语言游戏来说，这个目标是帮助学生通过有趣的方式提高语言技能。游戏目标是决定游戏活动的方向、范围和程度的核心。在确定游戏目标时，教师需要考虑学生的语言发展水平。例如，对于英语初学者，游戏目标可能是识别和理解基本的日常用语；而对于高年级学生，游戏目标可能是进行复杂的对话或理解长篇文章。

2. 选择游戏内容

游戏内容是实现目标的关键，是整个游戏的骨架。在选择游戏内容时，教师需要根据学生的兴趣和语言能力进行选择。为了确保所有学生都能从游戏中受益，教师应该进行弹性设计。对于那些英语学习能力较强的学生，游戏内容可以相对复杂；而对于英语基础不好、学习较吃力的学生，教师则可以降低难度。这种差异化的方法不仅可以保证每个学生都能得到适当的挑战，还可以确保他们在游戏中获得成就感。

3. 设计游戏流程及实施要点

在游戏流程的设计阶段，教师需要确定游戏将如何进行，以及需要注意的关键点。游戏可以作为一个教育活动的一部分，也可以是一个完整的教育活动。无论哪种方式，都应该有明确的规则和指南来引导学生。在这个阶段，教师需要设计游戏的流程图，明确每一步的要求和目标。此外，教师还应该考虑如何介绍游戏规则，以确保学生可以顺利地进行游戏。

（1）明确游戏规则。在现代教育中，游戏式学习被广泛应用，因为它能够激发学生的兴趣和参与度，同时提升学生的团队合作和实践能力。而一个成功的游戏教学活动需要教师在之前做好充分的准备。具体来说，教师需要通过语言讲解与动作示范相结合的方式，向学生明确讲解游戏的基本规则、步骤和要求。教师可以从以下三个方面进行准备。

①安全问题。教师需要明确游戏活动中的安全问题。控制和确保学生的安全应是优先考虑的问题。教师在解释游戏规则时，首先要强调安全问题。为了确保学生的安全，教师可以制定一些基本的行为规范。例如，控制小组人数以确保每个学生都有足够的空间进行活动，在室内进行的游戏中禁止奔跑和跳跃以防止学生受伤，控制说话的音量以保持教室的秩序。

②语言简单易懂。教师需要确保自己的语言是简单明了的。对于语言游戏，清晰的指导和讲解尤为关键。教师需要将游戏的规则、角色职责和步骤用简单的语言表达出来，确保学生能够快速、准确地理解。教师可以先讲解游戏的开展顺序，再详细解释每一步的具体要求和操作。同时，教师还应该重点讲解游戏中可能用到的生词和新词，以使学生能够正确、流利地进行语言交流。

③示范与参与游戏。讲解与示范是帮助学生了解游戏的主要途径。一般来说，学生很容易被新的知识或信息所吸引，但这并不代表他们完全理解或能够应用这些信息。通过放慢速度的讲解与示范，学生更容易感知到这部分信息的重要性，从而更加专心、更深入地理解游戏的规则。特别是对于低年级学生，他们的理解能力和注意力相对较弱，纯粹的语言描述可能不足以让他们完全掌握游戏的玩法。教师可以以主要角色的身份直接参与游戏，或是邀请英语语言能力较强的学生与自己一同进行游戏示范。对于中高年级学生，教师一般不需要亲自参与游戏，可以在讲解清楚游戏规则后，让部分英语语言能力强的学生来进行示范。这种方式不仅可以帮助教师检查学生是否真正理解了游戏规则，还能够鼓励学生之间的互动和合作，增强他们的自信心和团队协作能力。

（2）引导游戏过程。在游戏中，教师要仔细观察每个学生的语言使用，确保全班学生都能参与学习。教师适时介入游戏，针对不同学生的特点进行因材施教，既能保障游戏的流畅进行，又能确保学生从中受益。游戏结束后，教师还需对整体进行总结评价，反思游戏的实施效果，确保教学目标的达成。

①观察与介入。教师观察学生的目的主要有两个。第一，了解学生对游戏的玩法、规则的掌握程度。第二，及时发现学生在游戏中遇到的问题，并决定何时提供帮助。教师可在观察的基础上决定介入的方式与时机。当学生遇到问题时，立刻提供帮助或答案可能会剥夺学生独立思考和解决问题的机会。这样的介入，不仅会打断游戏的自然流程，还会妨碍学生批判性思维和自主学习能力的培养。因此，在决定何时介入时，教师需要进行深思熟虑。有时，暂时的观望可以给学生提供一个宝贵的机会，让他们自己尝试找出问题的答案，从而培养他们的独立解决问题的能力。如果学生长时间无法找到答案或显得非常困惑，教师可以适时提供一些提示或指导，帮助他们找到解决之道，而不是直接给出答案。

②因材施教。在教育中，学生的认知水平、性格、学习方式以及与他人的交往能力各不相同。为了最大化学生的学习效果，教师要充分认识到这种差异，并根据学生的具体情况进行针对性的教学。在游戏中，有些学生具备较高的认知能力和应用技巧，可以很快适应游戏并表现出色。对这些学生来说，教师可以适当提高任务难度，从而进一步挑战他们的语言技能，激发他们的潜能。而对于那些性格较为内向、胆小的学生，除语言技能的提高外，更重要的是提升他们的自信心。教师可以通过鼓励、激励和积极的反馈，帮助他们逐渐放开自己，勇敢地与同伴交流、参与游戏。对于那些交往能力稍弱的学生，组队合作是一个很好的方式。通过小组活动，他们可以在团队中找到自己的位置，学会与他人合作，共同完成任务。

③及时总结评价。在教学活动结束后，教师应该进行及时的总结和评价。这是对学生学习成果的一个回顾和反思，也是对学生表现的一个肯定和鼓励。总结与评价的目的不是找出学生的不足，而是突出他们的闪光点和成功经验。当学生听到自己在游戏中的出色表现时，他们会更加自信，更加热衷于下一次的学习和参与。这不仅能够提高学生的学习积极性，还能够帮

助他们明确自己的长处和短板，从而在今后的学习中做到有的放矢，持续提高。

三、英语故事阅读活动

教师可以带领学生开展英语故事阅读活动，使其像游戏一样具有趣味性。

（一）英语故事阅读方法

对于学生来说，掌握阅读技能是一个循序渐进的过程，就像一个小孩学走路，从摇摇晃晃到稳步前行。这一过程既考验学生的耐心，也考验教师的引导。

对低年级学生来说，英语绘本故事书中所蕴含的丰富图文内容，使学生能够结合文字和图像进行思考。文字可以表达思想，图像则对文字内容进行了直观展示和补充。当两者结合时，对于初学者来说，这是一种双重的启示，可以帮助他们更好地理解和记忆信息。在学生对绘本进行解读时，教师应该鼓励他们不只停留在文字层面，还要去理解文字背后所表达的深层含义，欣赏绘本的插图，感受其中的艺术美感，享受阅读的过程。

当然，阅读技能的培养不能仅仅停留在绘本阶段。从认识字母和词汇，到掌握语法和句型，再到掌握阅读技巧，这是一个逐步深化的过程。教师需要有目的、有计划、逐步地引导学生，帮助他们在阅读中发现规律，掌握方法，从而达到独立阅读的目的。

对低年级学生，教师可这样引导他们来阅读绘本。

（1）选择合适的绘本。教师应选择适合学生年龄和语言发展水平的英文原版绘本，确保学生在接收信息时既不感到困难也不觉得过于简单。适当的难度可以激发学生的学习兴趣，并在挑战中得到成长。

（2）教师深入阅读故事。在给学生阅读故事之前，教师需要通读几遍，确保对故事的内容和背后的文化背景有深入的理解，从而可以更好地为学生解释故事中的难点和文化差异。

（3）创造良好的阅读环境。在阅读活动开始时，教师应确保学生已经完全安静下来。当环境安静、学生的注意力集中时，他们更容易沉浸于故事中，从而获得更好的学习效果。

（4）教师富有感染力的故事讲述。通过使用手偶、玩偶或其他道具，教师可以使故事更生动有趣。此外，教师在阅读时应该精神饱满，表情丰富，声音抑扬顿挫，使学生感受到故事中的情感和气氛。

（5）教师引导学生思考。教师在故事阅读过程中，可选择合适的时机停下，对学生提问，引导他们思考故事内容，从而加深对故事的理解。

（6）教师引导学生观察插图中的线索。绘本中的插图往往蕴含丰富的信息。教师可引导学生注意插图中的线索，并根据线索与已知的故事情节，推断之后可能发生的情节，锻炼学生的逻辑思维能力。

（7）故事后的讨论与创作。阅读完故事后，教师可以组织学生讨论他们喜欢故事中的哪些内容，哪些情节或细节使他们印象深刻。此外，教师可以鼓励学生基于原故事进行改编，发挥创意，从而培养他们的创新和批判性思维。

对高年级学生，由于其已经具备一定的英语自学能力，因此，教师对高年级学生的阅读指导重在安排阅读书目及提出问题。

（二）创设英语故事情境的方法

创设故事情境，其实是为了构建一个生动的情境，使其成为学习桥梁，连接学生的真实生活经验与书本中的知识。想象一下，当故事中的人物、事物或事件与学生的日常生活或他们的经验相似时，学生对故事的兴趣和关注度自然会上升。他们可能会想："哦，这跟我上次的经历很像！"或者"我知道这是怎么回事！"这种身临其境的感觉，无疑会加深他们对故事的理解和记忆。当学生能够从自己的角度看待故事时，他们参与讨论的积极性也会得到显著提高。他们不再是被动的听众，而是变成了主动的参与者，愿意分享自己的观点、情感和与故事相关的经验。这种参与感会进一步促进他们的语言学习，使教学效果得到显著提升。

创设英语故事情境的方法如图 4-4 所示。

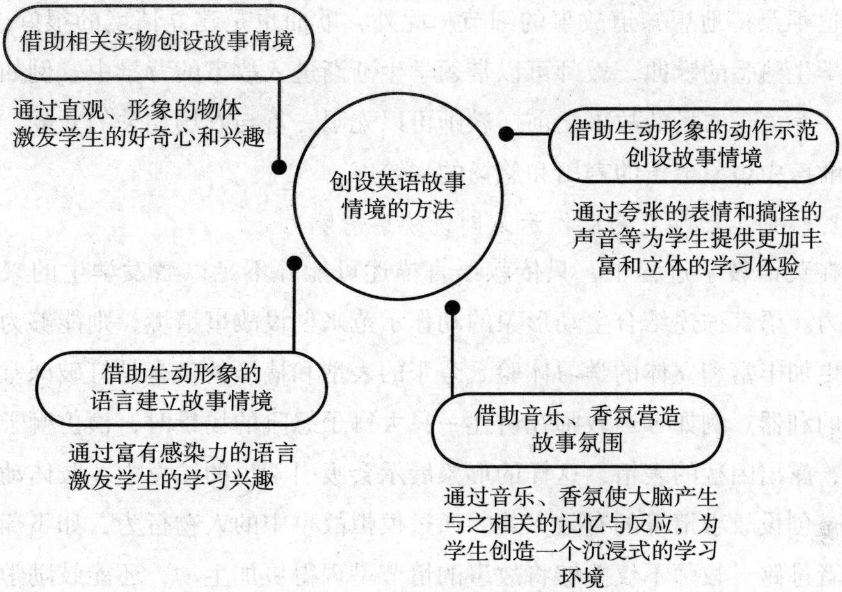

图 4-4　创设英语故事情境的方法

1. 借助相关实物创设故事情境

借助相关实物创设故事情境在教学中是一个非常高效的方法，它通过直观、形象的物体激发学生的好奇心和兴趣，帮助他们沉浸在故事中。例如，当教师为学生讲解一个传统节日时，可能用语言难以传达这个节日的特色和欢乐的气氛；但当教室中出现了与该节日相关的装饰时，学生便能立刻感受到节日的氛围。又如，教师在向学生讲述猫头鹰的特点和生活习性时，可能会让学生觉得枯燥；但当教师手持一个猫头鹰的手偶，模仿其鸣叫、展翅飞翔时，学生便会觉得生动形象。这不仅能增强学生对猫头鹰的形象记忆，还能激发他们的探索欲望，使他们想要了解更多关于猫头鹰的知识。

2. 借助生动形象的语言建立故事情境

生动形象的语言可以唤起学生的兴趣，激发他们的好奇心，使他们更加投入学习。当教师开始讲述一个新的故事时，简单地直接开始讲述可能不足以引起学生的关注；但细致地展示书籍封面，运用富有感染力的语言来描述封面上的人物，如“看，这个小男孩眼里闪烁着好奇的光芒，手里紧握着一把神秘的钥匙。你们猜猜，他要去哪里？”则可以有效激发学生的好奇心，使其迫不及待地想知道故事的细节。此外，歌曲也是建立情境的很好工具。通过学生熟悉的歌曲，教师可以带领学生渐渐进入故事的背景中。例如，在讲述一个关于农场的故事之前，教师可以先唱一首与农场相关的儿歌，让学生在歌声中想象金黄的麦田和悠扬的牛铃声。

3. 借助生动形象的动作示范创设故事情境

在英语教学过程中，只依赖语言描述可能并不足以激发学生的兴趣和想象力。语言描述结合生动形象的动作示范来创设故事情境，则能够为学生提供更加丰富和立体的学习体验。夸张的表情和搞怪的声音是打破课堂僵硬氛围的利器。例如，当教师在讲述一只大狮子怒吼的场景时，模仿狮子的嘶吼声，露出凶猛的表情，这样的形象展示会吸引学生的注意力。肢体动作展示也是创设故事情境的有效方式。通过模拟故事中的人物行为，如飞翔、跳舞或者逃跑，教师不仅能够将故事的情节呈现得更加生动，还能鼓励学生模仿，与他们产生互动。

4. 借助音乐、香氛营造故事氛围

音乐和香氛是两种直接而有效地影响人的情绪和感受的媒介，特别是在教学中，它们能为学生创造一个沉浸式的学习环境。当人听到某种特定的音乐时，大脑会自动产生与其关联的记忆和情感反应。例如，播放舒缓的海浪和海鸥的声音不仅能使学生的心情平静，还能帮助他们想象自己真的身处海边，感受微风、沙滩和盐味。这样的声音素材可以使故事更加生动和真实，帮助学生更好地理解和感受故事的内容。香氛对人的心情和记忆也有很大的影响。不同的香氛可以唤起人们不同的情感和记忆。花香、茶香等自然的味道，可以使学生感受到春天的温暖、夏天的热情，或者身处在宁静的乡村或密集的森林中。在故事开始之前，引导学生用嗅觉来感受环境，可以使他们更快地进入故事的情境，与故事中的人物和情节建立联系。

（三）利用自制图书开展英语故事活动

教师可以利用多种方法来帮助学生提升英语阅读能力。例如，让学生读英文图书、背诵英文诗歌或是创作自己的书籍。无论选择哪种方式，教师都应该点燃学生的阅读热情，并给他们选择和分享读物的空间。另外，对于条件允许的家庭，教师可以推荐其将一同阅读英文图书融入家庭日常活动。

让学生自制图书，无疑是激发学生对书写和阅读兴趣的一个好方法。在这个过程中，学生会学习从不同的视角看待文字、图片和设计，开始了解一本图书是如何逐渐构建起来的。这样的经历，不仅会使学生对自己的创作产生一种深深的自豪感，还能锻炼其意志力。此外，自制图书的过程，也是一个综合学习的过程。在这个过程中，学生要学会准确使用词汇，恰当表达，合理使用图片，等等。这样的实践，对于提高他们的阅读理解能力、词汇辨识技巧以及提高他们对语言和文字的敏感度都是非常有帮助的。

四、体验与探索游戏

学生天生对于身边的一切充满好奇，他们渴望了解周围的世界，经常观察环境中的各种微妙变化，并主动提出问题，希望得到答案。语言发展与认知发展之间存在着紧密的联系。为了能够准确地表达自己对于周围世界的理解和看法，学生需要掌握丰富的词汇和句型结构。在此背景下，体验和探索游戏成为英语教学中的一种宝贵资源。当学生身处于真实、有趣和具有挑战性的游戏环境中，他们往往需要用英语来描述所见所闻、解决问题和与他人交流。游戏为学生提供了一个自然、轻松的环境，让他们可以自由地表达自己的想法，分享他们的发现，并通过交流和合作来深化自己的认知。

（一）建立体验与探索游戏词汇库

帮助学生建立科学思维的前提是为学生提供使用简单的科学词汇的机会。这些词汇并不只是一些专业术语，更多的是与日常生活中遇到的各种概念有关的基础词汇。在教学过程中，教师可以通过使用这些词汇来帮助学生建立词汇库，并在不断的实践中帮助学生理解、掌握和运用这些词汇。例如，在小学数学中，除了数的学习，学生还需要掌握形状、排序、比较、计算、方位、体积等相关概念（见表 4-1），英语教师可将其适当加入教学。

表 4-1　小学生常用的部分数学概念英语词汇

形状（shape）		排序（order）		计算（calculate）		方位（position）	
正方形	square	第一	first	加	plus	东	east
长方形	rectangle	第二	second	减	minus	西	west
三角形	triangle	第三	third	乘	multiply	南	south
圆形	round	第四	fourth	除	divide	北	north
椭圆形	oval	第五	fifth	等于	equal	里面	inside
正方体	cube	最好	best	增加	add	外面	outside
圆锥体	cone	最差	worst	减少	reduce	上面	over/above
锥体	pyramid	最快	fastest	总数	sum	下面	under/blow

（二）开展体验与探索游戏的方法

学生的认知发展是一个复杂的过程。瑞士心理学家让·皮亚杰（Jean Piaget）对此进行了深入研究，他认为，学生的认知发展经历了从“具象思考”到“抽象思考”的转变。在探索与体验游戏中，教师会为学生提供实验与体验的机会。通过这种方式，学生不仅可以“发现”并观察某些现象，还可以与同伴讨论产生这些现象背后的原因。在此过程中，他们可以熟悉并掌握与所探索现象相关的英语主题词汇。

对英语教师而言，实施这一教学策略不需要具备科学家的专业知识，只需要充分发挥自己的创造力和想象力，在确保安全的基础上，为学生创造一个开放的学习环境。这样的环境是支持学生积极参与活动的，是鼓励他们亲自动手、思考、表达的。这种方式与传统的英语听、说、读、写的练习方法不同，它鼓励学生跳出固有模式，真正进行创意思考和表达。更重要的是，通过体验与探索游戏，教师可以通过提问的方式引导学生提出自己的猜测、思考和见解。这种方式不仅有助于培养学生的英语口语能力，还能帮助他们扩充词汇和句式，以支持他们在真实情境中更加流利和自信地表达自己。

（三）体验与探索游戏的内容

在英语教学领域，体验与探索游戏旨在让学生在真实场景中运用语言描述现象与问题，从而达到沉浸式英语学习的效果。为了确保学生能够在体验与探索的过程中真正实现英语的运用，英语教师在教学过程中应该将重点放在指导学生如何描述他们所看到的、所做的，以及所发生的变化。

体验与探索游戏的内容非常丰富，教师可以根据自己的特长、学生的兴趣和教学目标进行选择和调整。对于喜欢科学的学生，可以选择探究材料特性的科学活动，如吸热与吸水的材料、浮与沉的材料、软与硬的材料等。这些活动可以帮助学生在探究的过程中，运用英语描述他们的发现和感受。对于那些具有创造性思维的学生，可以选择建构类的游戏活动。例如，使用石子、木块和纸张等材料进行建构，在此过程中，学生描述他们的设计思路和建构过程，同时运用英语进行交流和分享。教师还可以设计关于观察植物和动物的活动，如观察树叶、蜗牛和蚂蚁等。通过对自然的观察和探索，学生不仅可以增加自己的词汇量，还可以提升观察力和分析能力。同时，天气和季节的变化也是一个不错的选择。学生可以通过制作风车、彩带旗等工具，来探究天气的变化规律，还可以通过绘制气象图来记录和描述天气的变化。另外，时间的概念也是一个值得探究的话题。学生可以通过比较旧事物与新事物、观察树木的四季变化、听历史故事等方式，来对过去、现在和将来进行探究。这些体验和探究活动，对于扩充学生的词汇量、提升学生的表达能力，都会有一定的促进作用。

第四节 戏剧教学法

一、戏剧教学法概述

（一）戏剧教学法在英语教学中的作用

在传统的英语教学模式中，教师是主导者，而学生多数时间是被动接受者。教师讲解词汇、语法和句子结构，学生则默写、听讲和回答问题。尽管这种方法在一定程度上是有效的，但它往往忽视了学生实际运用英语进行交流的能力培养。相比之下，英语戏剧教学法为学生提供了一个沉浸式的教学环境。在这种环境中，学生是积极的参与者。他们阅读、解析故事，根据情境和角色创作对话，并通过表演锻炼口语能力。这种方法并不是简单地强调语法和词汇记忆，而是鼓励学生在真实情境中思考和使用英语。

英语戏剧教学法是一种快乐而有效的教学方式，原因有以下几方面：第一，能够为学生创造一个快乐而有效的学习环境。戏剧表演需要学生自发、主动、积极地参与其中，而学生主动的学习态度能够增强其学习兴趣和动力。第二，学生在戏剧中可以设定自己的学习目标，并选择与自己英语水平相匹配的难度。这种个性化的学习方式更有助于学生的成长。第三，英语戏剧教学法的过程是充满乐趣和灵活性的。不同于传统的课堂教学，戏剧表演为学生创造了一个放松、愉悦的学习氛围，使英语学习不再是枯燥的任务，而是一次次充满创意和快乐的体验。

（二）英语戏剧教学法对学生发展的影响

戏剧教学法鼓励学生在表演过程中通过身体语言、感知、认知和想象来展现自我，并在教师的策略性指导下，实现相互模拟、学习和协同合作。采用英语戏剧教学法的好处如图 4–5 所示。

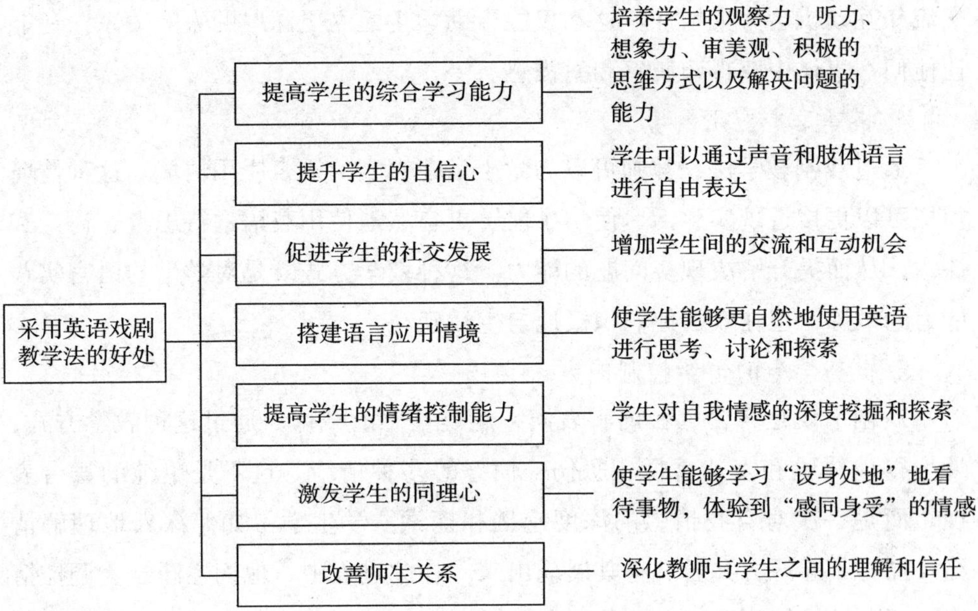

图 4-5　采用英语戏剧教学法的好处

1. 提高学生的综合学习能力

戏剧本身是一种综合性的艺术形式，涵盖了语言、文学、音乐、美术等多个领域。当学生通过戏剧来学习英语时，他们不仅是在学习语言，还在无形中受到其他艺术形式的熏陶。在合作展现戏剧表演的过程中，学生不仅能够提高其语言的听说和阅读能力，还能为未来的英文写作积累素材。这种综合性的学习方式，可以培养学生的观察力、听力、想象力、审美观、积极的思维方式以及解决问题的能力。

2. 提升学生的自信心

传统的课堂教学方式往往使学生感到枯燥，而戏剧表演则为学生提供了一个生动活泼的、释放自我的机会。在戏剧表演中，学生可以通过声音和肢体语言来自由地表达自己。大胆、夸张的动作和声音需要相当的勇气，而当学生在表演中逐渐克服这些障碍后，他们的自信心也会得到显著的提升。

3. 促进学生的社交发展

社交是每个人成长过程中非常重要的一部分。人的幸福感很大程度上取决于他与社会的连接和互动。通过运用戏剧表演教学法，学生之间的参与、交流和互动机会大大增加。这不仅能帮助学生建立更深厚的人际关系，还能让他们在集体中获得归属感和幸福感。

4. 搭建语言应用情境

通过戏剧教学法，教师可以为学生搭建真实的语言应用情境。这种情境模拟可以更接近现实生活，使学生能够更自然地使用英语进行思考、讨论和探索，从而提升解决现实问题的能力。这种教学方式既是对学生的语言实践能力的锻炼，也在鼓励他们积极地与生活互动。

5. 提高学生的情绪控制能力

戏剧不仅是舞台、台词和表演，还是情感的载体。通过这种教学方式，学生得以体验和表达喜悦、悲伤、愤怒等多种情绪。这不是单纯的舞台表现，而是一次对自我情感的深度挖掘和探索。学生学习如何深入地理解情绪，探寻其起源，并尝试将其展现出来。在此过程中，他们逐渐学会调控情绪，而非被情绪所控制。

6. 激发学生的同理心

同理心是理解他人情感、需求和关心他人的能力，是人与人之间联系的桥梁。戏剧表演为学生提供了一个独特的机会，让他们能够学习“设身处地”地看待事物，真正体验到“感同身受”的情感。当学生演绎某个角色，尤其是与自己性格、经历迥异的角色时，他们需要深入理解这个角色的内心世界，去体验他的情感和思考。这种体验能够帮助学生拓宽视野，理解并关心他人，进而培养出强烈的同理心。

7. 改善师生关系

在传统课堂中，教师和学生之间的互动多是教师提问、学生回答。戏剧教学法为师生之间提供了一个新的互动方式。在舞台上，他们共同创造、合作和互动，这种经验有助于深化彼此之间的理解和信任。教师与学生一同参与戏剧创作和表演，使他们不再仅仅是传统意义上的教与学，而是成为合作伙伴，一同探索和学习。这种方式不仅有利于营造良好的课堂氛围，还有助于构建更为和谐、理解与包容的师生关系。

（三）戏剧教学法在英语教学中的实施

在英语教学中，戏剧教学法的实施形式有很多，但无论是哪一种形式，都要做好充分的准备以及进行活动结束后的评价与反馈。

1. 英语戏剧教学开展的基本条件

（1）空间对于戏剧活动至关重要。学生需要有足够的活动空间来自由表达，进行角色扮演。一个拥挤的教室很可能会制约学生的活动，影响他们的投入度。因此，有活动桌椅的教室应该考虑合理布置。可以将桌椅推到教室的一侧或后部，以便为学生创造出一个相对开放的“舞台”空间，使他们更好地投入戏剧表演。

（2）在戏剧活动中，学生的情绪很可能会变得特别高涨，这时教师的管理和控制就显得尤为重要。好的教学纪律并不意味着对学生的严格限制，而是需要教师具备良好的教学管理与安排意识。例如，教师可以使用锣、手鼓、铜铃等工具，在活动开始或结束时发出信号，以此来吸引学生的注意力。这样既能保证教学的有序性，又能确保学生在一个安全和积极的环境中进行学习。

（3）真正有效的戏剧教学并不是一蹴而就的。特别是在集体教学中，很容易出现部分学生活跃，而其他学生则显得不够积极的现象。也会有些学生因为害羞、拘谨而不敢全身心投入表演。为了避免这些问题，戏剧教学应当从简单开始，逐渐加深难度。在开始阶段，教师可以先进行一些简单的示范，或组织一些简短的集体活动，使所有学生都能参与进来。这样既能够提高学生的参与感，又能够使学生逐渐适应。随着教学的深入，教师可以逐渐引导学生进行小组活动，让他们在小组中分享、表达，确保每个学生都有机会参与和发声。

2. 英语戏剧教学的评价与反馈

评价在教育教学过程中扮演了至关重要的角色。如何开展课堂评价，以及课堂评价如何与学习评价和教学评价相结合，是对课堂教学的一种深入、全面的反思。通过评价，教师可以了解学生在学习过程中的进展、需要和挑战，同时能对教学方法和策略进行调整和改进。

戏剧教学是一种实际而注重互动的教学方法，它通过模拟真实情境，帮助学生更好地掌握语言。这些情境包括问路、打电话、邀人参加晚会、设计节日活动海报等。这些任务不仅能够让学生实际使用所学的语言，而且是对他们语言技能的测试。在这样的课堂环境中，形成性评价显得尤为重要。与传统的考试不同，形成性评价强调的是学习过程而不仅仅是学习结果。它通过持续、系统地收集、解释和应用有关学生学习的信息，帮助教师和学生了解学习进展和成果。在英语戏剧教学中，教师可以运用对话的方式进行形成性评价。这种“师生对话”或“生生对话”的方式可以让学生在实际的沟通中展现自己的语言技能，并从中获得反馈。此外，这种评价方式还能够帮助学生分析自己存在的问题，找出学习中的难点和不足。当学生了解自己存在的问题和面临的挑战时，他们更有可能采取积极的策略来解决问题。这不仅有利于增强学生的学习能力，还有助于他们更好地调控自己的学习过程。

二、肢体表达与句式表演

（一）肢体表达

肢体表达是一个理解和学习语言的途径。例如，学生在学习了 banana 这个单词后，当他们看到表演者通过肢体动作展示“吃香蕉”的行为时，他们不仅能认识到这个动作代表的意思，还会与英文单词 banana 建立关联。这种通过肢体表现来辅助记忆的方法，可以让学生对单词和句子的理解更为深刻。以肢体表达为主的即兴表演也是一种鼓励创造性和想象力的方式。例如，学生在学习了 ballpen 这个单词后，当他们被要求使用一支笔去展现不同的场景和动作时，他们就要动用他们的想象力，展现应用笔的各种场景，并用肢体语言传达相关的意思。这种活动不仅能锻炼他们的想象力，还能帮助他们更好地理解和记忆英语单词和句子。

无论是在单词教学，还是句子、段落甚至故事的教学中，肢体表达都可以作为一个有效的工具，帮助学生从中获得乐趣，提升对英语的学习兴趣和信心。而随着学生对肢体表达的熟悉，教学活动也可以逐渐从简单到复杂，逐步引导学生深入理解语言和文化。

肢体表达不仅能激发学生的学习热情，还能在轻松的氛围中帮助他们实践与掌握英语。教师在利用肢体表达方式进行教学时，应注意几个方面。第一，要确保学生对自己要完成的任务有明确的认识。如果学生不明确自己的角色或场景，可能会导致表演流于形式或者出现偏差。教师可以通过示范、提供情境或与学生互动来帮助他们理解。第二，要强调过程的重要性，而不是单纯追求完美的结果。第三，课堂管理仍然是至关重要的。肢体表达虽然是一种轻松的学习方式，但仍需要有序进行。课堂可允许与表演相关的声音，例如背景音乐或与角色相关的音效，这些声音可以提高学生的参与度，使整个活动更具吸引力。

（二）英语句式表演

英语句式表演练习在英语教学中非常重要。这种方法不仅以动作和行为来展现句子的情节，而且通过具体的实践，使学生对英语有更深入的理解和体验。传统的课堂教学方式或许会让学生感到枯燥，但当教学方法与表演、动作相结合时，整个学习过程就会变得生动而有趣。此时，学生不再仅仅是听、说、读、写的被动参与者，还可以通过身体的运动，更好地理解和记忆英语句子。这种表演练习法与学生天真活泼的性格相契合，所以更容易激发他们的学习兴趣。同时，语言学习并不仅仅是记忆单词和语法规则，更重要的是理解和使用。当学生通过行为来展现他们对句子的理解时，他们实际上是在将语言内化，这样的学习效果往往会更加持久。

三、英语角色扮演与故事创编

（一）英语角色扮演

角色扮演，作为一种直接的戏剧形式，虽然受到时间和空间的限制，但其独特的教学方式在英语课堂上赢得了广泛的欢迎和认可。将角色扮演融入英语教学，不仅可以激发学生的想象力和组织能力，而且能使学生提升学习的信心，实实在在地提高解决问题的能力。英语角色扮演为学生提供了一个现实的场景来应用他们的英语知识。与传统的听说读写不同，英语角色扮演让学生深入情境，将学到的知识付诸实践。这种情境中的学习方式能够提高学生的学习兴趣和积极性，还能使他们在实际操作中加深对知识的理解。

与肢体表达和句式表演相比，角色扮演的难度和要求无疑更高。它要求学生具备以下几方面的基本能力。第一，掌握基本的英语阅读能力。学生需要通过阅读理解角色和情境，以使角色扮演活动更有深度和真实感。当学生在阅读中探索角色的性格、背景和动机时，他们也正在增强自己的阅读理解和信息分析能力。第二，精确使用语言的能力。语言的确切使用是角色扮演的核心。学生需要理解并使用正确的词性、词缀和词根，这样才能准确地表达自己的意思。例如，“sleep”“asleep”“sleeping”和“Sleeping Beauty”虽然在单词构成上有相似之处，但它们的意义和用法在不同的情境下有很大的差异。通过角色扮演，学生可以在实践中体验和深化对词汇的理解。第三，理解情境的能力。英语戏剧涵盖了各种各样的情境、故事和概念。在角色扮演中，学生需要理解这些情境，并在其中找到自己的角色。这需要他们在教师的指导下深入理解世界的真实状态和因果关系。

（二）英文故事创编

英语教学中的创造性戏剧可以培养学生的思维和创造力。教师需要深入理解创造性戏剧的本质。创造性戏剧不是简单的对话背诵或固定的剧本演绎，而是一种充满活力的、即兴的和自发的表演艺术。这种表演方式强调学生的参与和创意，鼓励他们根据对故事内容的理解来创作和展现自己的想法。对于英语学习者来说，英文故事创编为他们提供了展现创造力的舞台。在这里，学生不仅可以在对故事人物的语言和动作的理解基础上建立自己的概念，而且能通过自己创作的英语对话和动作表情来进行故事的再创作和拓展。

学生对故事创编的天然兴趣与人类对叙述和创造的基本需求息息相关。教师在为学生提供一个将简单的英文故事改编为富有情节的剧本的机会时，无疑为他们打开了一个充满无限可能性的创意宇宙。英语故事创编不仅仅是一个语言学习的活动，更是一个跨学科的探索，涉及文学、历史、社会等各个方面。教师通常只提供一个故事的开头，或长或短，之后学生可以自由发挥，这种方式既可以鼓励学生的创造力，也可以提高他们的团队合作能力。学生可以从多种途径获得创作灵感，如使用道具、参考图片、借鉴歌曲、关注新闻、回顾生活经验等。教师在教学过程中既可以采取有序的方式，要求学生按顺序一人一句或一段续写故事，也可以鼓励学生进行头脑风暴，探讨多种故事发展方向。另外，通过故事创作，教师还可以教学生学习新的词汇和句型。例如，如果故事需要描述一个魔法森林，那么与“森林”“魔法”相关的词汇自然就会成为学习的重点。同样，当学生想要为他们的故事角色创作对话时，他们也会自然地接触到日常交流中的句型和表达。

在英语教学过程中，尤其是英语故事创编教学，营造具有创造性和开放性的讨论环境具有至关重要的意义。一个开放式的故事开头能够为学生带来无限的可能性。每次基于同一个故事开头进行延伸时，都可能产生与之前完全不同的结局。这种无定论的创作方式既能增加故事的趣味性，又有助于激发学生的创作欲望。学生可以自由地发挥想象，创作出各种各样、风格迥异的故事。利用开放式故事作为小组活动的教学方式，更能促进学生之间的交流和合作。学生在小组讨论中，可以互相学习，找到相对更好的创意，共同完成一个故事。需要注意的是，教师需要根据学生的年龄和水平来调整小组的人数。对于低年级的学生，4 到 6 人的小组大小比较合适，因为如果小组人数过多，会导致故事的逻辑性下降，甚至产生混乱。为了使故事更加生动有趣，教师可以鼓励学生将故事的结尾设计得更加戏剧化。这样不仅可以吸引更多人的兴趣，还能让学生更加投入地参与创作过程，体验到英语创作的乐趣。教师在教学中还需要注意学生的情绪状态。每个学生的情感和学习压力都是不同的。为了更好地帮助他们，教师应该根据学生的情绪来安排课程进度。当学生处于紧张或压抑的状态时，进行一个简短的英语故事创编活动，可以帮助他们放松心情，缓解学习压力。

四、英语故事剧

英语故事剧作为一种独特的教学手法，将听说读写结合在一起，可以带给学生全新的学习体验。通过基于各种英文材料的创作，学生不仅要理解内容，还要深入地探索和拓展，最终将自己的想法和理解通过戏剧的形式呈现出来。相比其他教学方式，英语故事剧对学生的要求更高。学生除了要有较强的听说读写能力，还要具备创造力、批判性思维和团队合作能力。与肢体表达不同，英语故事剧要求学生不仅能够理解内容，还要能够用自己的语言进行再创作；与作为入门练习的句式表演不同，英语故事剧要求学生能够在更广泛、更深入的语境中运用语言；与有明确目的的角色扮演和基于简单情境的故事创编不同，英语故事剧更注重故事的完整性和深度。而对于教师来说，英语故事剧的教学设计要求也更为严格。教师要引导学生的创作，不仅要保证故事的整体性、连贯性和系统性，还要考虑到学生的个体差异，确保每个学生都能参与进来，都能从中受益。

（一）将英语故事剧融入英语教学的意义

1.有利于学生综合发展

无论是英文诗歌、小说还是历史故事，都蕴含了深厚的文化背景知识和丰富的语言艺术。在教育领域，运用这些文学素材进行教学可以为学生提供一个全方位、多层次的学习平台。英语故事剧正是将这些文学素材与戏剧艺术相结合，以为学生创造一个既实践又有趣的学习环境。当学生尝试构思剧本时，他们不仅仅是在重复已有的故事，更是在为故事添加自己的理解和创意。在这个过程中，他们可以领略到英语中的各种修辞手法、句式结构和词汇运用，同时可以更深入地了解文化背景知识。

英语故事剧对学生综合发展的促进作用如图 4-6 所示。

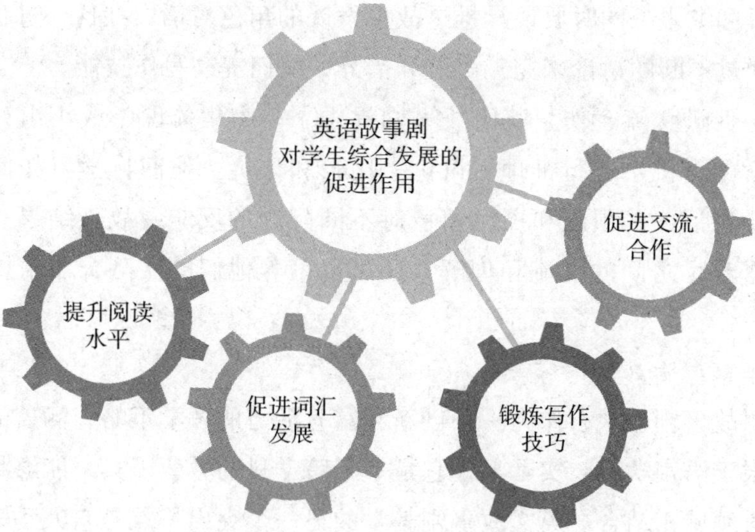

图 4-6　英语故事剧对学生综合发展的促进作用

（1）提升阅读水平。英语故事剧教学的核心在于阅读教学。与传统的英语阅读教学方式不同，英语故事剧教学强调的是在理解的基础上，进一步通过实践活动来加深和巩固知识。这种教学方法将阅读与实践相结合，使学生在实际操作中更好地掌握所学内容。英语故事剧教学旨在让学生通过阅读各类高质量的文学作品如诗歌、故事、小说等，来提高他们的阅读和理解能力。这不仅包括对文字的理解，还包括对背景、情节和主题的深入理解和探索。教师需要激发学生的想象力，引导他们深入探讨角色的心理、情绪和动机。这样，学生不仅能够理解文字的表面意义，还能够理解故事的深层含义，包括人物关系和情感表达。

（2）促进词汇发展。在英语故事剧的构建过程中，学生将会在具体语境中接触并尝试新的有趣的词汇。这不仅能帮助他们理解词汇的含义和文化背景，还可以帮助他们学会如何在特定的场合中正确使用这些词汇。与传统的背诵学习相比，这种方法更侧重于通过实际情境来培养学生的语感，从而实现从孤立的单词背记到单词情境使用与语感培养的转变。

（3）锻炼写作技巧。剧本创编的过程为学生提供了写作机会。它涉及多个元素，如环境描写、人物塑造、对话设计等。学生需要考虑故事的起因、经过和结果，同时要设计推进故事发展的角色对话。在这一过程中，他们可以通过不断的讨论来完善语法和措辞，从而提高写作技能。

（4）促进交流合作。英语故事剧提供了一个集体课堂或小组讨论的平台，使学生有机会进行推理、讨论、比较和评价。他们将学习如何创建角色、编排对话，并预测和探讨角色对不同问题的反应及故事结果。这不仅可以促进学生之间的交流和理解，还可以培养他们的团队合作精神和协调能力。

2.丰富课堂教学内容

英语故事剧教学，作为一种创新和富有活力的教学策略，涵盖的范围不仅仅局限于语言学习。实际上，它是一个跨学科的教育工具，能够将英语与各种学科领域相结合。英文故事剧教学的另一个突出特点是它鼓励学生的积极参与。不论是口头还是书面，学生都有机会在实际语境中运用他们所学到的知识。

这种教学方法要求学生在角色扮演和解决问题的过程中，利用他们已有的知识和新的信息进行有机结合。这意味着每一个参与者都需要在内心进行一次知识的梳理和整合。他们需要调动自己的记忆，重新审视学过的内容，并在此基础上灵活运用，将旧知与新知结合，生成新的理解。例如，当学生需要为一个古代角色进行台词设计时，他们不仅需要掌握相关的文化背景知识，还要把这些背景与故事情境相结合，这样才能创造出真实又具有吸引力的台词。

除了促进知识的融合，英语故事剧还有利于培养学生的批判性思维。在此过程中，学生常面临各种问题和挑战，需要进行推理、分析和论证。他们不仅要为自己的观点辩护，还要学会听取、对比和评价他人的观点，从而得出更为全面和深入的结论。这样的锻炼无疑有助于提高学生的批判性思维能力，使他们在今后的学习和生活中，能够更为理性地对待问题，进行独立思考。

同时，英语故事剧教学强调参与式和创造式的学习方式，使学生有机会在小组活动中分享自己独特的想法，通过绘画、音乐、写作等多种方式进行故事创作。这种创造性的学习方式不仅可以增强学生的学习动机，还可以锻炼他们的实践能力和创新精神。

此外，英语故事剧教学是多种表演方式的整合体，无论是简单的肢体表达、句式表演，还是复杂的角色扮演、故事创编，都为学生提供了展现自己才华的舞台。这种教学方式鼓励学生将自己的想法通过各种形式展现出来，能够使他们在参与中体验到创作的乐趣。

（二）英语故事剧教学的实施

1.准备活动与热身

故事剧能否取得成功，主要取决于学生的参与，因为只有当他们真正地沉浸于角色和情境中，故事剧的教育价值和娱乐性才能得到最大化。而为了激发学生的投入，热身活动变得至关重要。热身活动旨在帮助学生逐步适应英语故事剧的表演环境，使他们可以自由地表达自己，准备好自己的心态参与到更为复杂的故事剧创作和表演中去。通过简单的互动、游戏和练习，热身活动帮助学生释放身体和心灵的束缚，唤醒创意思维，为即将到来的戏剧表演做好准备。热身活动还为教师提供了宝贵的机会，使教师能更深入地了解每一个学生的个性、兴趣和能力。每个学生都是独特的，在表演时会有自己的风格和特点。了解学生的个性，意味着教师可以更加有针对性地指导学生，使他们的表演更为真实、自然。更进一步来说，教师可以通过热身活动中的提问来展开一个关于演戏的讨论。这样的讨论不仅能够帮助学生理解故事剧的本质和价值，还为他们提供了一个分享、探讨和学习的机会。

2.英语故事剧的编排与演练

故事剧教学是一个融合创造力、想象力与解决问题能力的教学方法，不仅要求学生深入剖析剧本、背景和情节，还鼓励他们活跃地扮演各种角色。当学生身处其中时，人物情感的微妙变化和深层心理将成为他们探索的目标。学生除了研究剧本、背景、情节和人物情绪之外，还要交流与互动，这种交流与互动让他们能够展现自己对于角色的独特解读和对于情节的独到见解。每一次的互动、每一次的碰撞，都可能催生出新的火花。学生在这个过程中会学会引导、倾听、反馈、合作，这些都是在日常生活和日后工作中非常宝贵的技能。此外，故事剧还能够让学生运用过去的经验。在讨论中，学生会意识到自己的很多经历和知识都可以在这里得到运用。他们会讨论因果关系、如何更好地推动情节、如何使角色更有深度等。故事剧教学是一个复杂的、环环相扣的教学过程，需要教师精心设计每一个环节。具体来说，教师在故事剧活动开展的各个环节中应注意以下问题。

第一，故事讲述与创编环节。教师应注意在讲述故事时突出重点情节和故事元素，引导学生深化对故事线和人物的理解。这不仅可以帮助学生更好地理解故事的内在逻辑，还可以激发他们的想象力，让他们在创编自己的故事时能够建立起一个完整而有深度的故事体系。

第二，角色分配与讨论环节。教师可以通过扮演一个角色来进行示范，使学生更好地理解角色的性格和动机。此外，教师应鼓励学生分享对角色的理解，而不是简单地分配角色。讨论与分享，可以帮助学生深入理解角色，而不是仅仅停留在表面。

第三，根据故事分幕（场）环节。在这个环节中，教师需要提出多种开放式问题来扩展学生的视野，并引导他们接受各种可能的想法。教师应指导学生厘清因果关系、人物关系和人物出场顺序，以确保故事的连贯性和完整性。这不仅可以培养学生的逻辑思维能力，还可以让他们学会从多角度看问题。教师可以指导学生从整体故事剧的角度评估分幕之间的连贯性，这样可以帮助他们理解一个故事如何流畅、合逻辑地展开，以及如何把各个小的故事情节串联起来形成一个完整的故事。

第四，台词与动作创编环节。在该环节，教师的主要任务是鼓励学生模拟故事中的各种情境和情感。学生需要将自己置于不同的人物和场景中，去体验和感受人物内在的情感波动。教师可以通过组织讨论、互换角色和录像观看等方式，让学生对自己和他人的表演进行自评和互评。这样可以让学生更好地了解自己在表演中的优点和不足，从而进行调整和完善。

第五，空间与场景布局环节。场地的选择和场景的布置是故事剧活动中不可或缺的部分。教师应指导学生根据每一幕的情节进行场地和场景的讨论和布置。例如，如果故事发生在森林中，那么学生可以选择在校园的绿地进行表演，并使用树叶、花朵等作为道具。此外，教师还应指导学生选择合适的背景音乐，增加独白等元素，以使整个场景更加生动和真实。

第六，故事剧排练环节。排练是使学生真正进入角色的关键环节。教师在这个过程中应当扮演观众和导演的双重角色，观察学生的表现，提供反馈，并给予建议。教师应鼓励学生多次尝试不同的表演方法和技巧，从而找到适合自己的方式。同时，教师还应确保学生在排练中能够体验到成功和成就感，这样可以增强他们的自信和动力。

第七，故事剧呈现环节。在正式的表演环节，教师的主要任务是鼓励学生享受表演的过程。故事剧并不是简单地复述故事，而是要通过创作和表演，使故事更加生动有趣。因此，教师应鼓励学生根据突发的灵感和情感进行台词和动作的即兴创作。例如，学生可以使用夸张的声调和动作来突出某一情感或场景，也可以调整或扩展角色人物，使其更加饱满和有深度。

第五章　英语教学资源的类型与设计

第一节　教学资源的含义

教学资源在信息化教育中扮演着重要角色。在数字化时代，教学资源不仅仅包括传统的教材和教具，更多的是数字资源。对于广大英语教师而言，学会有效地使用、检索、管理这些教学资源变得尤为关键。这不仅能够提高教学效果，还能帮助教师更好地适应现代教育的要求。因此，培养和提高教师在信息时代的教学基本功，确保他们能够灵活应用各种教学资源，对于提高整体的教育质量具有不可估量的价值。

一、资源与教学资源的概念

要讨论教学资源，首先需要理解资源的概念。

（一）资源

1. 资源的概念

“资源”这个词可能会使人们想到水、土地或金钱，但实际上，它的涵盖范围要广得多。在现实生活中，资源可以是任何对人们有用或有价值的东西。[①] 从古至今，随着人类文明的发展和技术的进步，人们对资源的定义和分类也在不断演变和扩展。通俗地说，资源是那些能为人们提供帮助或支持

① 秦枫．文化资源概论 [M]．2 版．合肥：中国科学技术大学出版社，2021：5.

的物质和手段。它们可能是人们生活中不可或缺的，如水和土地，也可能是人们工作和学习中需要的，如图书馆和互联网。这种定义简单明了，指明了资源的核心特质——价值。

2. 资源的类型

资源的类型繁多，在不同的分类标准下会产生不同的资源类别。

从资源的性质上看，资源可以分为人力资源和物力资源。人力资源主要是指人的知识和技能，物力资源则涉及所有的物质资产。

根据资源的外在形式，资源可以分为硬件资源和软件资源。硬件资源是有形的，如机器、设备、建筑物等。软件资源是无形的，如精神、意志等。

根据资源的再生性，资源可以分为可再生资源和不可再生资源。可再生资源是那些可以在短时间内恢复或再生的资源，如风能、太阳能等。不可再生资源是一旦消耗就无法恢复的资源，如矿产等。

（二）教学资源

从广义上讲，教学资源指在教学过程中被利用的一切要素，包括支撑教学的、为教学服务的人、财、物、信息等。从狭义上讲，教学资源主要包括教学材料、教学环境及教学后援系统。在如今的信息时代，教学资源在一些语境下特指用于教学的数字资源。本书所提及的“教学资源”，更多指的是用于教学的数字资源。

信息技术对教育的冲击是巨大的。网络的迅速发展使各种教学资源更容易获得。只要能上网，学生就可以在任何时间、任何地点访问这些资源。这种现象不仅加速了学习速度，还增强了学生的自主学习能力。而这种基于资源的教学也要求教师与学生之间的关系发生转变。传统的教育模式往往是“教师主导，学生跟随”的模式，而现在，师生双方共同参与到教学资源的开发和建设中。这意味着学生不再是被动的接受者，而是与教师一起，共同探索、研究、创造新的教学资源。这样的教育模式能更有效地激发学生的创造力与热情，使他们真正成为学习的主体。此外，教学资源还为学生提供了丰富的认知工具，成为他们意义建构的源泉。

教学资源建设，被公认为是教育信息化的核心和基础。然而，教学资源建设并非一蹴而就的过程。它是一个漫长而系统的过程，需要持续投入与维护。同时，光有资源还不够，更关键的是如何有效地应用这些资源，将其融入日常教育教学，让学生和教师真正从中受益。

二、教学资源的特点

教学资源作为现代教育技术学的核心研究课题之一，与人们在日常生活中常听到的“资源”一词具有截然不同的内涵。了解教学资源的特点，不仅有助于理解其本质，而且对于教师来说，这样的认识将推进其教学方法的创新和教育模式的转变。从总体上来看，教学资源主要具备以下几个特点（见图 5-1）。

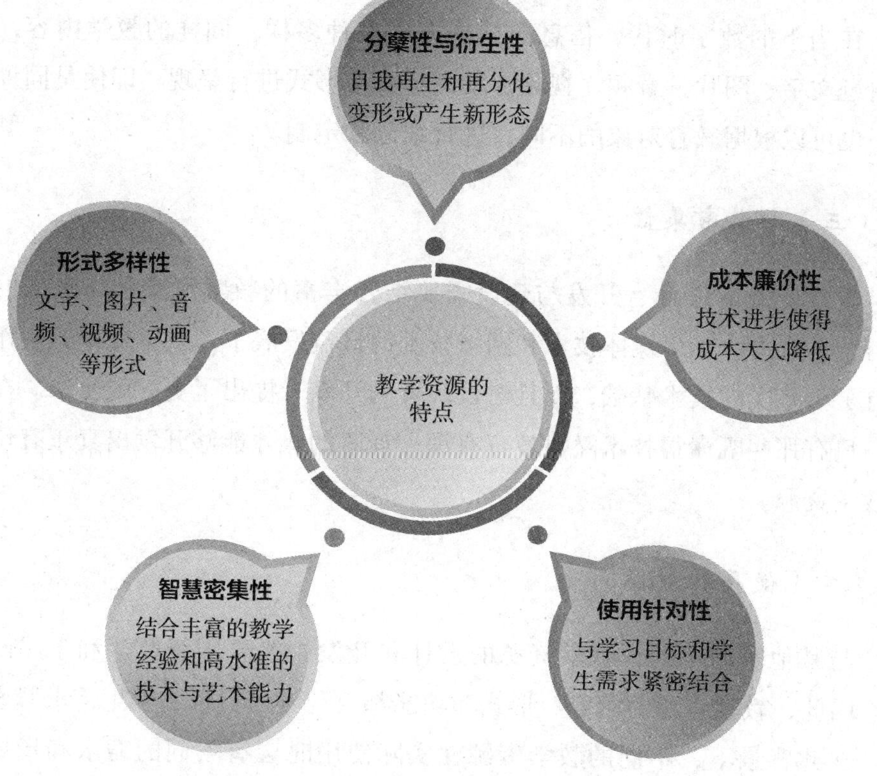

图 5-1　教学资源的特点

（一）分蘖性与衍生性

这个特性意味着教学资源不仅可以自我再生和再分化，而且能在特定的条件下变形或产生新的形态。以原油为例，它是一个天然资源，经过适当的加工和提炼，可以转化为各种不同的产品，如汽油、煤油和沥青等。类似地，一个单一的教学概念或知识点可以被转化或衍生为不同的教学工具或方式，以适应不同的学习环境和学生需求。对于教师来说，这意味着他们需要拥有丰富的创造力和适应能力，不断地创造和整合资源，以满足教育的不断变化的需求。此外，随着技术的进步，新的教学资源也在不断地出现，如虚拟现实、增强现实等，为教育带来了前所未有的机会。

（二）形式多样性

在当下的数字时代，信息的呈现方式多种多样。同样的教学内容，可以通过文字、图片、音频、视频、动画等多种形式进行呈现。即使是同种形式，也可以根据教育对象的不同，进行细分和定制。

（三）智慧密集性

教学资源的设计、开发与建设需要结合丰富的教学经验和高水准的技术与艺术能力。在多媒体技术和网络技术的日益发展下，教学资源的制作不仅有了更坚实的技术基础，而且对设计者和开发者提出了更高的要求。在未来，只有那些既懂得技术又对教育有深入理解的人才能够开发出真正有价值的教学资源。

（四）使用针对性

与其他资源不同，教学资源的设计和开发始终要围绕教学和学习的目标。因此，教学资源的内容、形式和功能都要与学习目标和学生需求紧密结合。在此背景下，不同的教学资源在实际使用时会有不同的需求和指导方法，从而为教师提供精准和有效的教学手段。

（五）成本廉价性

尽管教学资源的设计和开发是一种高度智慧密集的劳动，但随着技术的进步，其成本已经大大降低。尤其是单位产品的物力成本，已经变得非常低廉。即使是资源有限的学校或个人，也能够获得或制作高质量的教学资源，为学生提供良好的学习体验。

第二节 英语教学资源的类型

一、演示型教学资源

演示型教学资源旨在通过直观和生动的方式呈现教学内容，以确保学生能够更深入、有效地理解和吸收知识。借助文本、图像、视频和动画等多媒体形式，演示型教学资源能够为学生展示复杂概念的具体和形象的内容。在教学过程中，如何使用这些资源至关重要。

（一）演示型教学资源可以用来创设教学情境

演示型教学资源可以为教师和学生带来生动和有趣的学习体验。通过运用与教学内容相关的视频或其他多媒体材料，教师能够为学生构建一个真实和直观的学习情境。这种情境化的教学方式不仅能让学生更加深入地理解知识，还能激发他们的兴趣和好奇心。与传统的口头讲解相比，这样的教学方式更能抓住学生的注意力，提高他们的参与度和学习效果。因此，利用演示型教学资源创设教学情境已成为现代教育中的一大趋势。

（二）演示型教学资源可以帮助教师突破教学难、重点

演示型教学资源在现代教育领域已被广泛认为是一种强大的工具，尤其在帮助学生克服学习中的难点和突破重点时更是如此。随着教育技术的进

步，传统的教学方式逐渐受到挑战，因为它很难满足所有学生的学习需求，尤其是在理解和掌握难点知识时。当学生遇到难以理解的概念时，教师仅进行文字或口头的解释是不够的。这时，演示型资源可以起到“画龙点睛”的作用。它以直观、生动的方式展现知识点，为学生带来丰富的感官体验，使其更易于沉浸在学习之中。这种形式的教学不仅能增强学生的学习兴趣，而且有助于深化他们对知识的理解。

（三）演示型教学资源可以提升课堂的趣味性

采用演示型教学资源，可以通过生动的图像、动画或实物模拟，提升内容的趣味性，为学生带来不同于传统教材的视觉体验。这种直观和趣味性的结合，有助于引发学生的好奇心，进而点燃他们的学习激情。

二、个别指导型教学资源

（一）个别指导型教学的由来

从17世纪到20世纪中叶，班级授课制一直是主流的教学组织形式。古罗马教育家昆体良（Quintilianus）在教育史上首次明确提出了班级教学制，是班级授课制的萌芽。捷克教育理论家夸美纽斯（Comenius）从理论上对班级授课制加以总结和论证，使它基本确立了下来。这种制度曾有一段时间非常适应当时的社会环境和教育需求。它确保了大部分学生都能接受相对均衡的教育资源，保证了教育的普及化和均质化。但随着时间的推移，社会和教育的需求发生了改变，尤其是在大众教育普及的背景下。在这样的背景下，传统的“一刀切”式班级课堂开始显示出其固有的缺陷。对于那些具有独立思考能力和创新精神的学生，他们在这种环境下往往无法充分展现自己的才华和潜力。同时，对于那些学习上有困难的学生，他们可能因为不能及时得到教师的个别辅导和帮助而渐渐落后。显然，传统的班级授课制无法满足现代教育的多样化和个性化的需求。于是，个性化教学的概念应运而生。

事实上，尽管班级授课制具有其历史地位和贡献，但个性化教学并不是一个全新的概念。我们国家的伟大思想家孔子早在两千多年前就提出了“因材施教”“启发式教学”的教育理念。而古希腊的哲学家苏格拉底的“精神助产术”则是对学生个性化思考和探索的鼓励和引导。所谓的个性化教学，其核心理念是尊重每个学生的个性差异和知识需求。这种教学方式鼓励教师根据学生的兴趣、性格、认知方式等因素，为其量身定制合适的教学计划和辅导方法。与传统的集体授课不同，个性化教学更加强调“一对一”的教育模式，以满足每个学生的个体学习和发展需求。

个性化教学的出现与智力理论的不断发展是密不可分的。在中国古代西周和春秋时期，官学和孔子的私学已开始涉猎“六艺”（礼、乐、射、御、书、数），从本质上来看，这是一种对多元智力的深度研究和尊崇。数千年后，美国教育家、心理学家霍华德·加德纳（Howard Gardner）提出了具有划时代意义的多元智力理论，进一步深化了智力的理解和教育的范畴。加德纳认为智力的基本性质是多元的，不是一种能力而是一组能力，其基本结构也是多元的，各种能力不是以整合的形式存在而是以相对独立的形式存在。加德纳认为，支撑多元智力的是个体身上相对独立存在着的、与特定的认知领域或知识范畴相联系的多种智能，包括语言智能、音乐智能、逻辑数理智能、视觉空间智能、身体运动智能、自我认识智能、人际智能、自然观察智能等。事实上，我国古代“六艺”智力观和现代多元智力理论之间存在着奇妙的共鸣。一是“因材施教”的理念，这一理念强调发掘和培养个体独特的智力天赋。这样的教育理念能够让教育者更加有的放矢，更加有针对性地培养每个人的特长和潜能。二是强调学习过程和评价过程的有机统一，即评价不仅是对知识掌握程度的检测，还涉及学生在学习过程中的个体差异和发展变化。

（二）个别指导型教学资源的概念

资源的短缺使学生在传统的课堂教学中获得个性化的指导较为困难。但如今，科技与教育的结合正逐步改变这一现状。信息技术的快速发展，特别是计算机和通信技术的进步，为个性化教学的实现提供了强大的技术支撑。这种基于技术的个别指导型教学资源，其发展源泉可以追溯到20世纪由美国心理学家斯金纳（Skinner）提出的程序教学。

斯金纳的程序教学理念主张将教学内容分解为若干小单元，并按照一定的逻辑顺序进行组织。这种方法允许学习者根据自己的进度和能力自主学习。程序教学的设计强调了小步骤的学习、个体化的进度、积极的学习态度以及及时的反馈。

现今的个别指导型教学资源不仅继承了程序教学的优点，而且在多方面都有了重大的突破。最显著的就是计算机和通信技术的应用。这些技术不仅使资源的制作和分发变得更为容易，而且为学习者提供了更为丰富和多样化的学习体验。学习者可以通过数字化的教育平台，依据自己的需要和能力，选择适合自己的学习资源和路径。

个别指导型教学资源就是指利用计算机系统充当个别化教学指导者的角色，辅助学习者自主调控学习过程并决定学习内容序列的一类教学资源。

（三）个别指导型教学资源的主要功能

个别指导型教学资源的主要功能如图 5–2 所示。

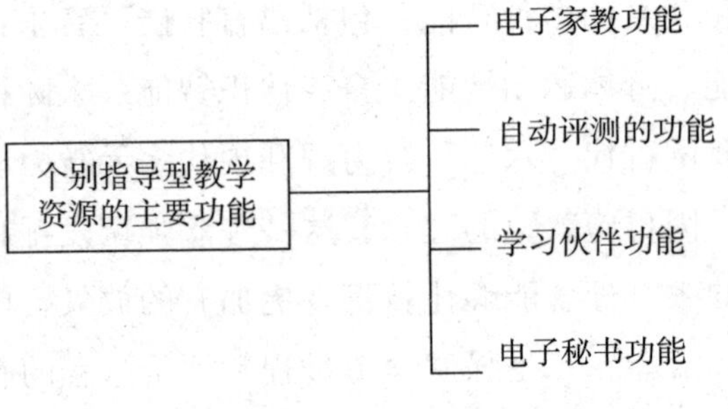

图 5–2　个别指导型教学资源的主要功能

1. 电子家教功能

个别指导型教学资源就像一个电子家教，能够随时陪伴学生学习，为学生提供有针对性的帮助。通过精准的个别指导策略，学生能够及时地发现自己在学习中的薄弱环节，从而制订出适合自己的学习计划。这种指导模式能够使学生有目的性地开展学习，主动地探索和挖掘。

2. 自动评测的功能

不同于传统的考试，个别指导型教学资源的自动评测功能更注重过程而不是结果。系统并不期望学生能够完美无瑕地答对每一个问题，而是希望学生能够在不断的实践中了解到自己的掌握情况，从而更有针对性地进行复习和强化。这种评测方式更注重培养学生的自主学习能力和解决问题的能力。

3. 学习伙伴功能

在学习过程中，合理的竞争和激励机制是激发学生学习热情的重要手段。个别指导型教学资源恰如一个学习伙伴，不仅能够与学生进行智能互动，还能引发学生间的健康竞赛。这种方式既能够保证学习的趣味性，也能够避免单一的练习方式让学生感到枯燥。

4. 电子秘书功能

在学习过程中，搜索和整理资料是一项重要的任务。个别指导型教学资源就如同一个电子秘书，能够为学生提供强大的资料搜索和整理功能，帮助学生快速找到与当前学习内容相关的材料，从而更加高效地学习。此外，系统还能帮助学生管理日常的学习计划和任务，使学习更加有条不紊。

（四）个别指导型教学资源的特点

在当今的数字化教育浪潮中，各种教学资源层出不穷，技术手段和表现形式五花八门。但要真正识别出个别指导型的教学资源，就需要了解其根本特点。

1. 非线性的学习过程

非线性的学习过程，打破了传统的“章节式”学习模式，为学习者提供了更大的自主性和灵活性。在非线性学习中，学生处于主导地位，可以根据自己的需求、兴趣和掌握情况进行学习。非线性学习过程可以分为两个方面来深入了解：学习内容的灵活选择和个别指导策略的添加。

（1）学习内容的灵活选择。个性化学习资源是对现代教育技术与学习者需求的回应，它允许学习者以非线性的方式进行学习。在个性化学习资源中，学习者不再受限于固定的章节和顺序，而是可以根据自己的需求和兴趣，自由选择学习的路径。每个人的学习风格和节奏都是独特的，有些人可能希望先学习某个具体的知识点，然后再系统地学习整个课程，也有些人可能希望深入某一专题。个性化学习资源提供了这样的可能性，让学习者可以根据自己的方式进行学习，从而提高学习的效率和效果。这也决定了个性化学习资源的导航界面设置会更加灵活。

（2）个别指导策略的添加。个别指导策略的添加一般有以下三种方式。

①知识学习发生前的个别指导策略。在学习开始之前，了解学习者的学习基础至关重要。这可以通过测试的方式来实现。

②在知识学习过程中加入个别指导策略，这样可以确保学生能够更加高效和有目的地开展学习。这种策略可以分为“督促”和“监控”两个方面来具体执行。在“督促”方面，个别指导策略需要针对学习者在学习过程中遇到的重点和难点问题进行干预。教师可以通过提出富有挑战性的问题来引发学生的深入思考，从而帮助他们突破学习的重点和难点。在“监控”方面，涉及对学生学习行为的跟踪和记录。这通常是通过后台数据库来实现的，能够记录诸如网页停留时间、每个知识点的浏览时间和阅读次数等信息。

③在知识学习结束后添加个别指导策略，目的是评测学习者的学习效果。一般采用测试的方式进行。

2. 丰富的人机交互

个别指导型教学资源旨在加强学生的自主学习能力，其中人机交互起着至关重要的作用。学生可以通过这种方式了解自身的学习进度和掌握情况，从而做出更有针对性的学习决策。值得注意的是，个别指导型教学资源中的人机交互大多是以个别指导策略的成功实现为前提的。

3. 差异化教学

不同的学习者在探索相同的知识时，会因其个体因素，如智力、动机、态度等展现出截然不同的学习状态。尤为突出的是学习方式的个体差异。例如，在知觉偏好方面，有的学习者可能更偏好听觉学习，而有的则是视觉学习者。又如，在物理和社会环境需求方面，有人喜欢在安静的图书馆学习，而有人则更喜欢在熙熙攘攘的咖啡馆学习。认知方式的差异也决定了学习者如何处理信息。一些人在遇到难题时倾向于先询问他人，以获取解决方法；也有些人更偏好独立思考，自己寻找答案。而在选择学习时间上，有的人更适应早晨醒来时的清醒头脑，而有的人则在夜晚找到了学习的节奏。因此，个别指导型教学资源通常会提供知识的多种表现形式，以满足个体差异性的要求。

三、测评练习型教学资源

（一）测评练习型教学资源的定义

测评练习不仅是学生学习活动的延续，而且是检验教学效果的重要手段。它能为教师提供宝贵的反馈，同时帮助学生巩固和加深对知识的理解。测评练习的主要目的有两个。第一，了解学生对所学知识的掌握程度。通过这种方式，教师可以根据学生的实际情况对教学策略进行调整。第二，完成大量的测评练习题目可以加强学生对所学内容的理解，从而达到巩固学习效果的目的。

传统教学和网络教学在测评练习的实施方式和效果上表现出一些显著的差异。在传统教学环境中，教学和评估常常是两个独立的环节。学生在课堂上学习，然后在另一个时间、地点完成测试或作业。因为这种分离，学生和教师之间的教学效果反馈通常存在滞后现象。例如，学生可能要等到几天后才能知道他们在测试中的表现如何，这可能影响他们及时调整学习策略的决策。网络教学则采取了一种更为紧密的教学和评估结合方式。在这种环境下，测评练习可以被无缝地嵌入学习过程，从而为学生提供实时反馈。例如，一个在线学习平台可能会在学生完成一个模块后立即提供一个小测验，然后马上显示分数和答案解析。这种即时的反馈机制不仅可以帮助学生立刻纠正错误，还可以增强他们的学习动力，因为他们可以立即看到自己的努力成果。

如前所述，本书所提及的“教学资源”，更多指的是用于教学的数字资源。本部分的“测评练习型教学资源”则是指数字化的测评练习型教学资源。测评练习型教学资源的运用显现出很高的灵活性和适应性，它不受固定的教学流程的限制，可以根据教学的需求在不同阶段得到运用。

（二）测评练习型教学资源的特点

测评练习型教学资源的特点如图 5–3 所示。

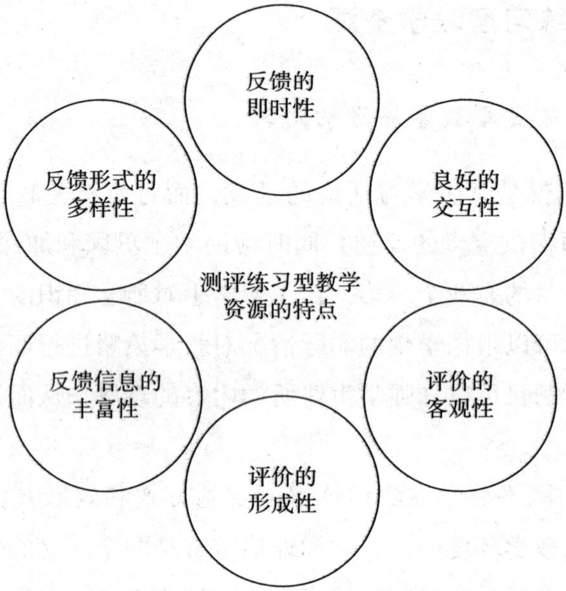

图 5–3　测评练习型教学资源的特点

1. 反馈的即时性

即时性指的是在瞬间或者当堂课完成的反馈。在网络环境下，人们利用先进的信息技术来优化测评过程。这种技术可以自动记录、统计、分析和评价学生的测评信息，大大提高了教学效率。通过自动化的系统，教师可以迅速获取到学生的学习数据，更好地理解学生的学习进度和需求，从而提供更为精准和有针对性的教学。一般来说，即时信息反馈的吸收率要高于及时和延时的信息反馈。在短时间内给予学生反馈可以更好地激发他们的学习积极性，也有助于他们快速纠正错误，稳固和加深对新知识的理解。

2. 反馈形式的多样性

测评练习型教学资源可采用各种多媒体资源，如声音、图片和动画来进行反馈。这可以增加学习的趣味性，鼓励学生更为积极地参与学习过程。这样的多元化反馈可以满足不同学生的学习需求和喜好，同时可以帮助他们更好地理解和掌握知识。

3.反馈信息的丰富性

在网络环境下，教师可以利用信息技术获取更多的反馈信息，包括但不限于班级的优秀率和及格率、每道测试题的正确率以及学生个体的成绩分析等。这些详尽的数据可以为教师提供强有力的支持，帮助教师更好地调整教学策略，从而提升教学效果。

4.评价的形成性

测评练习型教学资源可以应用于教学的不同阶段。在教学前，它可以通过预设的测试题目来诊断学生的学习基础，帮助教师了解学生的知识储备和需求。在教学过程中，它可以对学生的知识掌握情况进行及时检测，为教师提供中间反馈。这种及时的反馈信息能够指导教师对教学方法进行实时的调整和完善。在教学结束后，它可以为教师提供关于整体教学效果的数据，让教师了解是否达到了预期的教学目标。

5.评价的客观性

测评练习型教学资源依托计算机和网络对学生知识的掌握情况进行测评。当学生进行学习测评时，系统可以实时捕获其表现，并与教师预设的评判标准进行比对。评判标准是教师根据教学内容和目标事先输入的，这确保了评判的客观性与正确性。相比传统的人工批改，这种方式大大减少了人为的主观偏差，也为教师节省了大量的批改时间。

6.良好的交互性

测评练习型教学资源打破了文本的垄断地位，融入了丰富的多媒体元素，如图像、视频和音频。当学生在进行测评时，不再是单调的文字描述，而是由文本、图像、颜色、声音等多种元素组成的生动的测试题目。这种多元化的展示方式不仅可以使测评内容更为丰富，而且更易于吸引学生的注意力。此外，这种方式可以激发学生参与测评的积极性，让他们更愿意与系统进行交互，从而获取更多的学习反馈。同时，教师也可以通过这种互动方式，更好地了解学生的学习状态和需求，从而进行有效的教学调整。

（三）测评练习型教学资源的常见题型

1.选择题

选择题已成为教育领域中最普遍和方便使用的试题类型之一，它主要具备以下几个优点。第一，具有广泛的适用范围，可以检测学生的认知能力。可以通过巧妙设计的选择题，测试学生的记忆力、分析力、推理力和应用知识的能力。第二，选择题编制具有一定的灵活性，可以适应不同的测试目的和需求。试题的难度可以通过调整选项的相似度或引入更多的干扰项来控制，从而确保能够从多个角度全面评估学生的能力和理解。第三，选择题具有相对客观和公正的评分体系。配合计算机使用时，它能够提供快速和准确的分数统计，这对于大规模的测试和评估来说是非常有价值的。

尽管选择题有很多优点，但它也存在一些明显的缺点。一是编制过程可能非常耗时，特别是当试图创建高质量和具有挑战性的问题时。二是选择题的结构相对固定，往往无法有效地测试学生的问题解决能力和表达能力。三是选择题的得分可能受到学生的阅读理解能力的影响。

2.填空题

与长篇的问答题或复杂的案例分析相比，填空题的设定更加直接、具体。填空题的取材范围非常广泛，既可以是某个具体事实，也可以是一个概念性的知识点。因此，填空题在很大程度上能够测评学生对知识的回忆、再现及理解能力。填空题经常出现在诊断性的测验中，作为一个工具，帮助学生及时发现自己的认知缺陷，从而更有针对性地调整学习策略，促进认知能力的更好发展。

同时，与选择题或判断题相比，填空题有时没有一个唯一且明确的答案，这种模糊性也可能导致主观评分中的不公平性或偏见。填空题的评价范围相对较窄。其主要评估学生对知识的回忆和再现能力，但很难触及更高层次的认知能力，例如分析、评价或创造能力。这使填空题在评估学生的全面认知能力时显得有些单薄。此外，过度依赖填空题可能会对学生的学习策略产生不良影响。因为填空题主要评估回忆和再现，学生可能因此而过分注重死记硬背，而忽视了对知识的深入理解和应用。这种偏向于表面学习的策略，长期下来，不仅不利于知识的应用和迁移，还可能抑制学生的创新思维和批判性思考。

3. 判断题

判断题仅有“对”和“错”两个选项，从某种程度上来说，它是单选题的一种特殊形式。当然，为了确保其质量和效果，制定判断题的过程中需要确保题干的文字叙述清晰、易懂，避免任何可能产生歧义的内容。判断题并非完美无缺，其中最大的问题是猜测成分过高。由于只有两个选项，学生即使对某个知识点不太熟悉，也有50%的机会选对答案。这样一来，真实的知识掌握情况可能会被掩盖或扭曲。此外，尽管判断题的命题内容广泛，但其本身的结构限制了它评估更高层次认知能力的可能性。

4. 连线题

连线题通常包含两组或更多的备选项，每组可能由文字、图形或其他多媒体元素组成。随着备选项的增加，连线题的难度也随之上升，这对于被测者的综合能力和应变能力都提出了更高的要求。连线题的明显优势在于其广泛的使用范围和高效性。由于其结构清晰，评分过程也相当简便、客观和快速。这种评分方式能够有效消除学生的主观因素对评分结果的影响，确保测验的公正性。

连线题也有其局限性：第一，它主要关注知识之间的关系性，而不太侧重于学生对知识的应用和迁移能力；第二，连线题中的题项往往存在一定的线索，可能会对学生产生暗示，从而影响其真实的答题表现。

5. 问答题

问答题非常适合评估学生对知识的理解程度。它的开放性可以让学生更自由地表达自己的理解，而不是像选择题那样被限制在几个固定的答案之中。问答题也在一定程度上能够考查学生的推理和解决问题的能力。对于某些复杂的问题，单纯依赖选择题或判断题难以深入挖掘学生的真实理解，而问答题可以让学生展现他们如何运用知识去构建答案。此外，编制问答题相对灵活和简便。题目制定者可以根据教学内容的不同，从多个角度出发，设计出多种形式的问答题。这种多角度、多侧面的提问方式有利于增强评估的准确性，确保测验结果真实反映学生的掌握情况。

问答题的局限性主要表现在评分的客观性较差。

6.其他题型

除上面介绍的常见题型外，在测评练习型教学资源的设计过程中，还有可能用到其他题型，如用于考查学生声音辨析能力的声音辨析题，用于激发学生图像认识能力的拼图题，带有游戏性质、寓教于乐的游戏题等。

第三节　英语教学资源的设计

一、演示型教学资源的设计

（一）演示型教学资源设计的原则

1.目的明确，选题恰当

应用演示型教学资源的目的不是展现制作者的制作技巧和高超技术，而是更好地传递和解释知识。因此，教师在设计这类资源时，需要始终围绕教学目标来进行。不论是文字、图片、音视频还是动画，任何不能帮助实现教学目标的内容都应当予以剔除。同时，教师不能把演示型教学资源视为教育的“灵丹妙药”而完全替代传统的教学手段。一些知识点使用传统的教学手段（如讲解、示范、实验等）已足够清晰和高效。在这些情况下，再强行制作为多媒体教学资源，不只是浪费资源，更可能导致“事倍功半”的结果。那么，如何确定哪些知识适合制作成演示型教学资源呢？演示型教学资源的最大优势在于它能够让知识“动起来”，将抽象的内容具体化，让微观的事物变得宏观易懂。这意味着，那些难以用语言表达、需要动态演示或者需要从多个角度呈现的知识点，特别适合采用此类资源进行教学。

2.重点突出

为了确保演示型教学资源能够发挥最佳效果，设计时应该遵循以下原则。

（1）提纲挈领。文字的多少与教学质量并无直接关系。过多的文字容易造成学生的注意力分散，无法集中在教师的讲解上。因此，演示型教学资源的文字量需要控制得当。尤其在使用 PPT 这类工具时，应主要展示关键词或短句，引导学生注意并跟随教师的讲解节奏，从而达到良好的教学效果。

（2）层次分明。清晰的层次结构可以帮助学生更好地捕捉和组织信息。这需要通过使用不同的序号、项目符号来体现内容之间的逻辑关系和重要性。同时，为了确保视觉上的统一性和连贯性，同一资源内的项目符号样式和风格应保持一致。这不仅可以提高学生的理解效率，还能增强教学内容的专业性和美观性。

（3）重点突出。在教学过程中，不同的知识点往往有着不同的重要性和难易度。为了确保学生能够快速抓住重点和难点，演示型教学资源应该具有明确的重点标识。这可以通过不同的视觉手段实现，如改变字体颜色、加粗文字、使用边框或其他图形元素。

（4）释疑解惑。对于学生可能感到困惑的概念、术语或知识点，演示型教学资源应当为其提供明确的标注或解释。这不仅可以帮助学生在学习过程中建立准确的概念模型，而且可以避免学生在后续学习中产生误解。

3. 适量信息

“少即是多”是演示型教学资源应用中的一个重要原则。过多的信息会导致学生无法集中注意力，从而降低学习效果。例如，使用 PPT 工具时，每页的文字数量不宜过多，通常以 30 ～ 60 字为宜。这可以确保学生在短时间内快速获取关键信息，同时为教师留出时间进行深入讲解。此外，媒体的使用应当遵循适度原则。声音、图像、动画等元素在教学中都有其独特的价值，但过多或不当的使用会削弱其效果。例如，有些教师为了吸引学生注意力，在 PPT 中大量使用声效，如打字声、门铃声等。实际上，不当的使用会干扰学生的注意力，反而成为教学的障碍。

4. 操作简单

在当今数字化的教育环境中，演示型教学资源为教师和学生提供了很大的便利。这些资源（包括 PPT、视频、动画等）能使课堂教学变得生动有趣。需要注意的是，为了确保高效的教学过程，演示资源要具备简便的操作特性。无论是静态的文本、图像，还是动态的音频、视频，教学资源都应该为教师提供简单明了的操作标识。特别是对于动态内容，如音频和视频，应放置相应的播放控制按钮，如播放、暂停、快进和快退，以确保教师能够在课堂上随时对这些内容进行控制。

5. 加强教学互动

建构主义学习理论主张知识不是被动接受的，而是在学习者主动参与的过程中逐步构建的。这种理念突出了知识的动态性和学习的建构性。为了更好地满足建构主义的学习要求，教学资源应具备充分的交互功能。演示型教学资源，虽然其交互功能相对简化，主要是按照预设的流程逐步展示，但这不代表它的教学效果有限。事实上，如果设计得当，这种资源可以在课堂上起到“画龙点睛”的作用。教师可以结合演示资源，适时地提出问题，引导学生思考，从而使学生在观看演示的过程中主动思考、对比和吸收，实现真正的知识建构。

（二）演示型教学资源设计的流程

演示型教学资源设计的流程如图 5-4 所示。

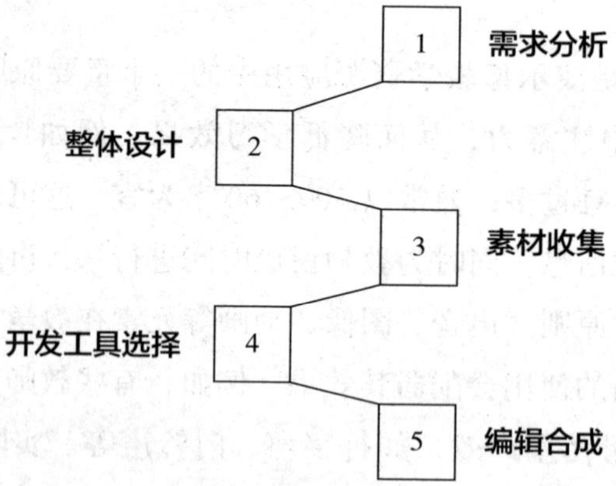

图 5-4　演示型教学资源设计的流程

1. 需求分析

在开发演示型教学资源时，教学对象分析和教学内容分析是前期工作的两个关键部分。

教学对象分析主要集中于对学生特征的解读和理解。这涉及对学生的多方面特征的探究，如其初始知识和技能水平、心理和情感的发展阶段、年龄带来的生理和认知特点，以及个体化的学习风格等。通过教学对象分析，教师可以明确学生的需要，为他们制定合适的教学方案。例如，对于低年级学生的教学，由于学生的注意力较为有限、好奇心旺盛，使用丰富的视觉元素如图片和动画可以引起他们的兴趣。而随着年龄的增长，学生对内容的逻辑结构和深度会有更高的要求，教学资源应相应调整。

教学内容分析则专注于知识的结构和适宜的呈现方法。不同学科的知识有其独特的性质和特点。例如，在英语的朗诵课上，加入音乐、影像等元素，可以更好地营造情境，帮助学生沉浸其中，从而深化对文本的理解和情感体验。

2. 整体设计

在确定教学内容后，设计者就需要对教学资源进行整体的创意设计。这一步骤涉及导航设计、界面设计、内容组织和交互设计等。一个精心设计的教学资源可以为学习者提供清晰的指导和良好的学习体验。

3. 素材收集

演示型教学资源的制作涉及多种形式的素材，包括文字、图像、动画、声音和影像等。这些素材的融合能够使教学内容更加生动和形象，帮助学习者理解和记忆。制作演示型教学资源时，有效地整合和筛选素材是一个关键步骤。将平时搜集到的与教学内容相关的素材纳入，是为了确保教学资源的丰富性。在这个过程中，可能会出现大量的重复信息或与主题关联不大的内容。为了确保教学资源的准确性和针对性，应对素材进行仔细的筛选和整理。

4. 开发工具选择

在当代数字化教学环境中，多种工具可以用来创建课堂演示型教学资源。PPT 作为一种广为人知的工具，因其简单直观的操作方式，已经成为许多设计者的首选。它能够快速地整合文字、图像和简单动画，为日常教学提供基本的视觉支持。

5. 编辑合成

素材制作是制作多媒体教学资源的一个重要环节，即将这些素材融合为一个有凝聚力和连贯性的整体。一个成功的多媒体教学资源不仅将各种素材放在了一起，而且使它们之间存在有意义的联系和同步。使用多媒体编辑工具，可以实现动画和声音的同步展示，确保每一个视觉元素都与相应的声音元素相匹配。设计者在组织各类素材时，应遵循多媒体教学信息设计的原则。这些原则指导设计者如何有序、高效地展示信息，如何避免认知过载，并确保学习者能够充分理解和吸收教学内容。只有当每一部分都与整体目标和策略相匹配时，多媒体教学资源才可能真正实现其潜在的教学效果。

（三）演示型教学资源设计的常见误区

演示型教学资源常见的设计误区包括文字过多、图像过多等。

1. 文字过多

在演示型教学资源中，应恰当地使用文字。演示型教学资源作为一个辅助工具，其目的并不是替代教材或者黑板，而是提供更为生动、直观的学习辅助资源。因此，过度地依赖文字，把大量的讲解内容都塞进这一工具中，实际上是适得其反的。过多的文字不仅会增加学生的阅读负担，还可能导致学生对重要内容的忽视。人的注意力是有限的，面对一个充斥大量文字的页面，学生的注意力可能会很快被消耗，使真正重要的信息被遗漏。因此，在设计演示型教学资源时，设计者应该从学生的角度出发，思考哪些是真正必要的，哪些是可以省略的。一个优质的演示型教学资源应当让文字简练而有力，突出主题，清晰展示主要知识点及其之间的联系；避免过于冗长和复杂的叙述，尽可能采用清晰简洁的语言和格式，使学生可以快速地提取关键信息。

2. 图像过多

在选择图像教学资源时，应始终以教学内容为中心。若引入过多与教学内容不相关或关联性较弱的图像，可能会导致学生的注意力分散，影响其对重要知识点的理解和记忆。与此同时，频繁变换的图像可能会使学生产生视觉上的不适应，甚至引发烦躁的心理反应，这都不利于教学。

3. 图像质量低

高质量的图像对于传递信息和营造学习氛围非常关键。模糊或低质量的图像不仅可能误导学生，还可能让学生对整个教学资源的质量产生怀疑。因此，为了确保图像的清晰度和专业性，教师应当使用高质量的图像，避免因追求便利而牺牲图像质量。

4. 背景图像太繁杂

在设计教学资源时，背景与内容之间的关系尤为重要。背景应该支持并增强主题内容，而不是与之竞争。如果背景过于复杂或花哨，可能会分散学生的注意力，使他们难以集中精力了解核心内容。为此，选择简洁、不分散注意力的背景是很重要的。

5. 过分追求动画效果

动画在提高学生兴趣和参与度方面确实很重要，但过度使用或不恰当的使用可能会适得其反。一个过于冗长或与教学内容不相关的动画很可能导致学生的注意力分散，甚至让他们对整个教学过程感到厌烦。因此，动画的应用应该以促进教学为目的，而不是追求视觉效果。

二、个别指导型教学资源的设计

（一）个别指导型教学资源设计的原则

1. 小步子原则

小步子原则强调的是将复杂、庞大的学习内容细分成容易管理和理解的小单元。这种细分方式有助于学生集中注意力，更好地理解和吸收每一个学习内容，而不是被大量的信息所淹没。在这种情境下，学生可以专心于一个学习内容，直到完全理解它，然后再转移到下一个学习内容。

2. 积极反应原则

教学不仅仅是知识的传递，更是互动的过程。学生与内容的互动、学生与教师的互动，甚至学生之间的互动，都会对学习结果产生影响。积极反应原则强调的是这种互动的重要性。传统的教学模式，往往过于注重教师向学生单向传授知识，而忽略了学生的积极参与。但真正的学习并不仅仅是被动接受，还包括主动探索、询问和应用。因此，在个别指导型教学资源的设计中，应当为学生提供各种参与机会，如问答、填空、抄写等，以刺激他们的思考。

3. 即时反馈强化原则

在教育教学过程中，及时的反馈对于学生的学习有着重要的推动作用。良好的反馈应当在学生回答之后迅速出现，明确地告诉学生答案是否正确，并为学生解释答案正确或错误的具体原因。这种深度的反馈能够帮助学生理解知识点的本质，修正误区，并加深对学科的掌握。需要注意的是，反馈应该因人而异。对于不同年龄和知识水平的学生，反馈的方式和深度都应有所调整，确保其符合学生的认知水平。同时，反馈不应该总是正面的。负反馈，即针对错误的反馈，也是必要的，它能帮助学生了解自己的错误和不足。但这种负反馈应该是建设性的，而不是打击学生的自信。

4. 自定步调原则

个别指导教学应该让学生根据自己的潜力进行学习，也就是说，教学资源应允许学生按自己的情况来确定掌握材料的速度。传统的教学方法常常以“中等”水平的学生为基准进行教学设计。这种做法有其便利性，因为便于设计统一的学习框架。但其缺点也显而易见：那些学习能力强、掌握材料较快的学生可能会感到无聊和受限，因为他们必须等待其他同学。与此同时，那些需要更多时间来理解和掌握材料的学生则可能因跟不上进度而感到沮丧和挫败。长此以往，这不仅可能导致学生的学习兴趣下降，还可能造成班级内部学习能力的差距加大。个别指导教学法相对“合理”，每个学生可以按适宜自己的速度进行学习。由于有思考时间，所以学生学习较容易获得成功。

5. 低错误率原则

在教育领域中，学生的学习经验对其未来学习过程的影响至关重要。错误的反应不仅仅是对某个具体知识点的误解，更可能导致学生对学习的兴趣丧失或对自己能力的怀疑。过多的错误和随之而来的负面刺激，无疑会打击学生的自信心，影响他们的情绪，从而降低学习速度和效率。为了避免这种情况，教师在教学过程中应该努力确保学生少出错或不出错。一个经验丰富、讲课生动、逻辑清晰的教师可以在一定程度上降低学生在学习中出错的概率。同时，教学资源的设计也起着关键作用。教学资源的设计应该深入教材的内部逻辑结构，确保每个学习步骤都与前后内容紧密相关，并呈现出教材的内在逻辑价值。

（二）个别指导型教学资源设计的流程

个别指导型教学资源设计的流程如图 5-5 所示。

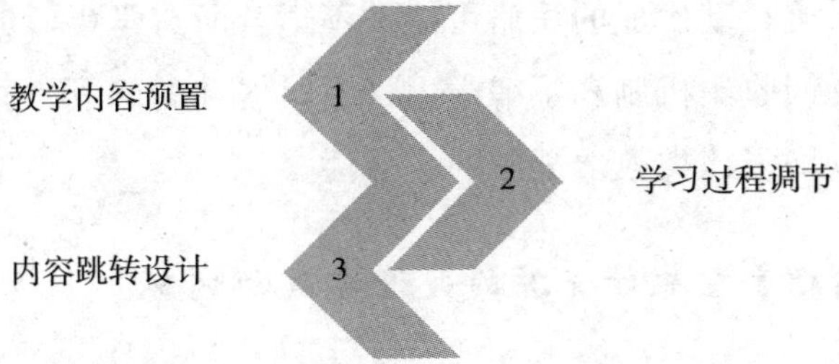

图 5-5　个别指导型教学资源设计的流程

1. 教学内容预置

在个别指导型教学资源设计中，设计者通常会将教学内容细分为若干个学习单元，每个单元都有其特定的学习目标和核心内容。在向学生开展某一学习单元之前，资源中会进行一系列的“预置”工作。这一步骤对于学生来说至关重要，因为它为学生提供了一个清晰的学习蓝图，帮助学生建立起对于即将学习内容的初步认知。预置的内容通常包括学习目标、学习方式以及操作方式等。

2. 学习过程调节

在学习过程中，学生可以根据计算机呈现的界面来浏览学习内容。个别指导型教学资源的设计应考虑到学生的不同需求和习惯。与传统的线性学习方式不同，这种资源允许学生根据自己的认知进度和兴趣进行选择和调节。例如，一个已经掌握某个知识点的学生可以选择跳过这部分内容，直接进入他感兴趣或需要加强的部分。

3. 内容跳转设计

在数字化教育的时代，教学资源的设计和应用已经大大超越了传统的教学辅助工具。有效的教学资源不仅能为学生提供知识，还能跟踪和评估学生的进度和掌握情况，从而调整教学策略，以确保学习效果的最大化。学习单元结束后的总结和评估环节尤为关键。通过这个环节，教学资源能够捕捉到学生的学习状态，如知识点的掌握程度、学习的难易度、遇到的问题等。然后，依据特定的判定策略，教学资源能够为学生预置下一步的学习内容，确保学习的连续性和逐步深入。当然，尽管教学资源可以设计得较完善，但仍然很难完全替代人的判断和交流。在某些情况下，尤其是遇到复杂和特殊的学习问题时，系统自动生成的策略可能并不适合所有学生。针对于此，教师可建立一定的反馈收集机制来了解学生学习时遇到的问题，并有针对性地给出指导意见，以增强该类教学资源的灵活性。

（三）个别指导型教学资源的反馈与激励机制

学生在使用个别指导型教学资源时，不只希望有一个练习的环境，更渴望了解自己在学习过程中的表现和进展。这种需求揭示了反馈的重要性。良好的反馈不仅可以告诉学生他们的答案是否正确，还可以帮助他们理解错误的原因，从而进行调整和优化。反馈应该是及时的，这样学生可以及时知道他们的答案是否正确，并及时做出调整。同时，反馈也应当是具体的，既可以是简单的“正确”或“错误”，也可以是对于答案的解释或指出错误的原因。对于没有深入掌握的内容，学生只有通过多次练习才能快速且准确地区分表面上相似而实质上不同的刺激。在反馈过程中，呈现、应答的内容和形式的多次重复很难避免，这容易使学生感到乏味。因此，在这种情况下如何激发学生的动机是个别指导型教学资源设计的一大难题。

激励学生的手段有很多。试题呈现方面的多样化与多媒体化，不仅可以帮助学生更好地理解知识点，还能使他们对学习产生浓厚的兴趣。动画、视频和互动式的内容能够使学生沉浸于学习过程中，使他们感受到学习的乐趣。在学生应答方面，结合使用鼠标、光笔、触摸屏、图形输入板和游戏操纵杆等输入手段，不仅能够增加学生的参与度，还能让学习过程变得更加有趣和创新。

在这种措施中，参与学生的竞争对象的设计可以是其他学生、计算机、学生本人和时钟。

1.与其他学生竞争

与其他学生竞争是一种普遍的激励方式。它可以激发学生的斗志和积极性，促使其为了获得更好的成绩而努力学习。然而，这种方式并不适合所有的学生。对于成绩好的学生，他们可能会因此受到鼓励，而对于那些成绩较差的学生，这可能会打击他们的自信。因此，小组竞争更受到青睐，因为它在小组间竞争的同时鼓励团队合作。

2.与计算机竞争

与计算机竞争的好处在于，教师可以根据每个学生的学习程度调整比赛的难度。这样每个学生都有机会表现出色，在原有基础上巩固和提升。

3.与自己竞争

与自己竞争是鼓励学生不断突破自己的方式。对于那些对与他人竞争不感兴趣或感到压力的学生，这是一种非常有效的激励方式。它鼓励学生关注自己的进步，而不是与他人的成绩进行比较。

4.与时钟竞争

与时钟竞争是提高学生反应速度和集中力的有效方式。它鼓励学生在有限的时间内完成任务，从而锻炼他们的专注力和时间管理能力。

三、测评练习型教学资源的设计

（一）测评练习型教学资源设计的流程

测评练习型教学资源的设计是一个分阶段进行的系统过程：通过分析教学目标确定测验目的，按照测验目的规划测验方案，寻找相适应的资源和技术手段设计测评练习和反馈，最后将设计完毕的资源融合于教学过程中的某个教学环节并发挥相应的教学功能。

1.确定测验目的

测评练习型教学资源的设计，其首要任务是明确测验的目的是什么。测验的目的有多种。它可以用于学生的选拔和分组，帮助教师理解学生的水平和特点，从而制订相应的教学计划和策略；还可以针对学生对新课程的接纳程度和准备状况，为教师提供是否需要更多准备或调整教学方法的线索；等等。测评练习可以为教师提供宝贵的教学反馈。这种反馈可以告诉教师哪些方法有效，哪些需要改进，以及学生在哪些领域可能需要额外的帮助。简而言之，测评的目的不仅决定了测验的形式，还影响了试题的类型和结构。

2. 规划测验方案

测验方案的规划，是保证测评质量和实现测验目的的关键步骤。测验方案通常采用命题双向细目表来展示——它不仅反映了测验的内容，还揭示了预期的学习水平。教师首先要明确测验的目的和内容，这意味着要从整体教学内容中筛选出适合测验的部分。其次，教师要确定学生需要达到的学习水平，如识记、理解、综合应用等。命题双向细目表的一个显著特点是它能够将每一项测验内容的分数比重分配到各个必要的学习水平层次，从而形成一个网状的分数分配方案。这样的方案确保了测验不是一种单一维度的评估，而是一个多元化、分层次的评估体系，可以较为全面地反映学生的学习水平和理解程度。

3. 设计测评练习和反馈

测验者根据命题双向细目表确定了测验内容相对应的题型后，便可以充分借助计算机的技术优势，搜索相应的多媒体素材来支持测评练习的设计，如测评题目的呈现除文字的形式外，还可以运用图像、声音、视频、动画等形式。也就是说，计算机的多媒体特性使教学资源的设计可以在更为广阔的背景下展开。而把测评题目置于特定的情境中，能够让学生更好地理解和把握知识点的实际应用价值。关于测评题目的反馈，可以设计为仅展示答案的形式，也可以设计为答案加解析的形式，还可以在上述基础上增加一些鼓励性的话语。

（二）测评练习型教学资源设计的要点

1. 清晰的设计思路

设计者在具体设计测评练习型教学资源时，首先要考虑的应是题目的考核目标。这是因为考核目标直接决定了题目的核心内容和难易程度。例如，如果目标是了解学生对某个知识点的掌握情况，那么题目应该直接、简明地涉及该知识点，以便于准确评估学生的掌握程度。如果目标是拓展学生的思路，那么题目可以采取开放的形式，以激发学生的创意和思考。如果目标是让学生熟悉真实的考试环境，那么题目应当模拟实际考试的情境和格式。其次，题目的表现形式同样重要。一道好的测评练习题应该既能考查知识点，又能吸引学生的注意。这不仅仅是一个内容和形式上的平衡，更是一个综合艺术。而多元化的界面设计可以大大增加题目的吸引力。最后，完成题目后的反馈环节也不可或缺。当学生完成所有测评练习题后，系统及时地提供答题结果和参考意见，可以为他们提供一个学习和改进的机会。这种及时的反馈不仅能让学生及时了解自己的不足，还能帮助他们加深对知识点的理解。

2. 恰当的出题策略

测评练习型教学资源是教学与学习过程中不可或缺的部分，它们在训练学生、测验知识掌握程度和强化已学知识点上都发挥着重要作用。为了确保这类资源达到最佳的使用效果，设计者在出题时应考虑到一些关键策略。具体来说，此处应该从两方面考虑。

（1）题型的选取。一方面，要确保各种题型能够全面而准确地测试学生的知识和理解程度。例如，选择题和填空题可以用来测试学生的基本理解和记忆，简答题和论述题可以考查学生的综合能力和深入理解，实践操作题则可以帮助学生熟悉真实的环境，同时强化他们的实践技能。题型的多样性不仅可以防止练习变得枯燥，而且可以从多个角度评估学生的知识和技能。另一方面，应避免题型过多而导致练习资源变得混乱和无目标。

（2）知识点与题目难度的合理搭配。每套试题应该包含一个平衡的知识点组合，确保所有重要的概念都得到了覆盖。同时，难度应该均匀分布，以保证每一套试题都能较为全面且公正地评估学生的知识掌握程度。为了实现这一目标，设计者需要深入了解每道题目和其对应的知识点，以及难度级别。

3. 良好的交互环境

优秀的测评练习型教学资源应当提供一个清晰、简洁的界面。在今天这个信息爆炸的时代，学生每天都会接触到大量的信息，如果教学资源的界面过于复杂或混乱，可能会降低学生的学习效率和意愿。此外，色彩搭配也是一个不容忽视的因素。合理的色彩搭配可以让界面看起来舒适、和谐，使学生更愿意长时间地使用这些资源。当然，只有好看的界面是不够的。根据学生的心理特点，结合多媒体内容，如声音、图像和动画，可以使测评练习更具吸引力。这些多媒体内容不仅可以为学生提供丰富的感官体验，还可以帮助他们更好地理解和记忆知识。

第六章　英语课程资源的开发与整合

第一节　英语课程资源的开发与利用

进入21世纪，信息技术迅猛发展，从慕课到人工智能，从虚拟现实到可穿戴设备，一系列新技术正改变着人们的生产方式、学习方式和生活习惯。这些技术的融合与创新，已经催生了一系列新产品、新应用和新模式，比如智能教学助手、虚拟实验室、在线学习社区等。这些新模式为教育的发展注入了新的活力，推动了教育的发展壮大。这种技术驱动的教育转型，不仅加快了教育结构的调整，还促进了教育的转型升级。

现代信息技术与英语课程的关系的实质，就是将现代信息技术与英语课程的结构、形式、内容、资源以及实施等相融合，从而大大提高学习效率和实现更高质量的教育目标。本节将介绍现代信息技术支持下的英语课程资源的开发与利用。

一、课程资源

（一）课程资源的含义

课程资源是指课程要素来源及实施课程的必要而直接的条件。课程资源包括校内课程资源和校外课程资源。除教科书外，校内课程资源还包括教师、学生，师生本身不同的经历、生活经验、学习方式，教师的教学策略，校内各种专用教室和校内各种活动等。校外课程资源主要包括校外图书馆、科技馆、博物馆、社会实践、文化交流活动、家庭资源等。

教材是教学的主导，为教学提供了系统的内容和结构。

班级、学校的教学设施和环境的创设为学生创造一个良好的学习氛围，使其更好地沉浸在学习之中。

教师和学生同样是重要的资源。每一个师生都有其独特的学习经历、生活经验、家庭背景等，这些都为课堂教学带来了独特的价值。教师可以根据学生的不同背景和需求，调整教学策略和方法，使教学更加个性化和有效。同时，每一个学生都有自己独特的学习方式和策略。这些不同的学习习惯和方式也为其他学生提供了学习的参考。通过分享和交流，学生之间可以互相借鉴，找到适合自己的学习方法，从而提高学习效果。

多种教学材料，如音像资料、直观教具、实物、多媒体软件、广播影视节目等，能够为学生创设一个真实、生动、有趣的学习环境，使他们更直观地理解和掌握语言知识，提高学习的兴趣和动力。网络资源、报纸杂志以及图书馆、博物馆等为学生提供了海量的信息和知识，满足了他们探究学习、自主学习的需求。社会实践、文化交流活动等，为学生提供了真实的语境，使其能够将所学应用到实际生活中，增强学习的实用性。

家长资源同样不容忽视。家长是学生的首席教育者，他们的支持和配合对于学生的学习具有积极的推动作用。

上述含义是课程资源的广义含义。从狭义角度看，课程资源是提供给师生使用的材料。在某些语境下，课程资源指数字化的课程材料。

对英语学科而言，它在听、说、读、写、译等方面开发和利用课程资源有着优越的实施条件。信息技术和现代化教学方法的进步使教师能够将信息技术融入英语学习过程，为学生提供更加直观和互动的学习体验。例如，多媒体程序可以为学生展示真实的英语场景，使其更好地理解和学习；语言识别软件可以帮助学生进行口语练习，实时纠正发音错误。从报刊到广播、电视、电影，再到图书馆、博物馆、阅览室，无处不在的信息资源都成为英语学习的助推器。这些为英语学习者提供了广泛的、直接或间接的学习资源。

课程资源的广泛开发与充分利用，关系到课程改革目标的实现和课程质量的提升。在信息化时代，课程资源变得更为泛在和丰富。借助于互联网的便利，教材、多媒体、网络教育平台、真实语境材料等形式多样的课程资源为教师和学生提供了前所未有的学习机会。对于英语教师而言，如何筛选、整合和恰当地应用这些资源成为一大挑战。这就要求教师树立新的课程观、教材观和课程资源观。教师不仅需要熟悉各种资源的范围和种类，还要学会如何根据学生的需要、水平和兴趣来选择和利用这些资源。仅依赖教材已经不能满足现代教学的需求，教师需要灵活地结合其他课程资源，创造出更加生动、有趣和具有针对性的教学内容。

（二）课程资源与教学资源

课程资源是支持和服务课程的要素；教学资源是支持和服务教学的要素。"课程"指的是学校教学的科目和进程；"教学"指的是教学生学习功课。

有时候，人们把教学资源与课程资源等同；也有些时候，人们将课程资源取狭义，认为课程资源是教学资源的一部分。

二、课程资源的分类

课程资源多种多样，根据其性质、来源、内容、功能、方法等有多种分类方法。

（一）按课程资源的性质分类

1.素材性资源

素材性资源，顾名思义，就是为教学提供素材的资源。这些资源包括教材、参考书、练习册、试卷、音频、视频、动漫、图像等。教师在进行教学活动时，这些资源能够为他们提供非常大的支持和便利。这些资源贯穿于教学的每一个环节，从课前预习到课后复习，从基础知识传授到高级技能的训练。

2.条件性资源

条件性资源涉及为课程实施提供的各种必要条件，如资金、场地、软硬件配置等。它们为教师和学生提供物质和环境上的支持，使教学活动能够顺利进行。

对于英语课程而言，条件性资源的作用尤为明显。创建一个良好的英语语言环境，提供真实的英语应用场景，以及丰富的英语学习材料，都是实现教学目标的关键因素。例如，配置专业的英语实验室、提供网络英语学习平台，以及与国外学校的交流项目，都可以为学生提供更为真实和深入的英语学习体验。

（二）按课程资源的来源分类

教育不仅仅局限于教室。校内资源除课堂教学外，还有图书馆、体育设施和校园活动等，能够使学生发展多种技能和兴趣。校外资源，如家庭、社区、博物馆、科技馆和音乐厅等，为学生提供了与真实世界接触的机会，帮助他们在实践中应用所学知识和技能。网络资源则为学生提供了无限的学习资源和机会，打破了时间和空间的限制，使学习成了一个持续的过程。

（三）按课程资源的存在方式分类

显性的课程资源有学校、班级、课堂、教材、教师和学生等。隐性的课程资源有校园文化、师生关系和语言学习环境等，虽然不易察觉，但对学习同样有着深远的影响。

（四）按课程资源的内容分类

1. 知识资源

在日常生活中，学生可以接触到大量的知识资源。产品使用手册、说明书、文化衫、影视剧、社交网络等都包含了丰富的知识。例如，通过观看一部英语电影，学生不仅可以提高语言能力，还可以了解到相关的文化背景。

2. 策略资源

策略资源主要涉及学习方法和技巧。它们为学生提供了学习的路径和方向。教师可以根据自己的学习经验为学生推荐一些学习策略的书籍，或者组织经验分享交流会，帮助学生找到适合自己的学习方法。

3. 技能训练资源

现代社会，众多的技能训练资源为学生的语言学习提供了无限的可能。家教、学习训练软件、练习册、复读机等，都是训练学生语言技能的方式。

三、英语课程资源的开发与利用的方法

英语学科的内涵是非常丰富的，不仅包括语法、词汇和句型，还包括文化、交际等多个维度。课程资源不仅包括传统的教材，还包括网络资源、真实情境、社区环境等。这种开放的视角要求英语教师不再仅仅固守教材，而是积极寻找、整合各种能够帮助学生提高英语素养的资源。

（一）全面开发教材资源

现如今，关于教育方式和方法的争论一直都在持续。其中，“教教材”这一传统教学行为受到了不少人的批评。然而，人们并没有因此否定英语教材在教育中的地位。相反，人们更希望英语教师能够创造性地利用教材，使其成为教学的有力工具。

以英语素养结合德育培养为例。素质教育的广泛普及，使德育成为教育中的首要内容。德育的核心目的是培养学生正确的人生观、世界观与价值观。因此，英语教师不仅要教授学生英语知识，还要注重其德育培养。例如，教师可以以“My days of the week”为主题开展教学，让学生利用教材内容学习“What do we have on Monday/ Tuesday...”，再以“We have...”这个句子来表达一日活动安排或学习计划。这不仅是对学生英语词汇和语法的锻炼，还是一个提升学生时间管理和规划能力的好机会。通过学习如何描述每天的活动，学生可以学习如何合理地安排自己的时间，充分发挥每一天的价值。珍惜时间、合理安排是非常重要的德育内容。如果学生能够养成这种习惯，他们不仅在学习上会更加有效率，而且在将来的人生道路上也会更加有目标和计划。在教学过程中，教师可以引导学生设计一份活动表，让他们学习按照计划去做事。这样，学生在学习英语的同时，还能养成有序、有计划地学习和生活的习惯。

（二）积极开发生活资源

生活是最丰富的知识库，是一个永恒的教育场所。人们每一次的日常互动都是学习的机会。英语学科正是基于人们的现实生活形成并不断发展的。英语教学核心的目标就是引导学生利用英语来参与真实的社交互动，使其能够自然地沟通和交流，具有跨文化、跨国界的思维与交际能力。因此，英语教师需要积极开发和运用生活资源，将其融入教学，以增强学生的学习兴趣、参与度和应用能力。例如，在小学阶段，当教师教授“My new room”（我的新房间）的内容时，学生会学到关于房间和家具的基本词汇。然而，单靠课本上的知识，可能无法满足学生真实生活中的交际需求。为了更好地帮助学生融入现实交际，教师可以积极挖掘生活中的资源，比如补充他们已经熟悉的家具名称、教授更多描述位置和方位的词汇等。又如，在中职或高职阶段，当教师教授学生职业英语的内容时，可以多结合真实生活中的场景来进行训练。

当教学内容与学生的真实生活紧密结合时，学生的学习兴趣和积极性会大大提高。他们不仅会更愿意自主学习和背诵新知识，而且会主动寻找机会用英语进行真实交际。例如，他们可能会用新学到的词汇描述自己的房间，或者尝试与职业人士用英语沟通。

（三）有效利用娱教资源

在当前的教育格局中，娱教资源作为一种结合娱乐与教育的教学方式，得到了越来越多的关注和认可。它以轻松愉悦的方式来进行教育，有利于提升学生的学习兴趣和效率。英语教师应当积极采用娱教资源来丰富英语教学内容，关注学生的学习感受，激发他们的学习兴趣，引导他们自主学习和积极使用英语，从而全面提升他们的英语素养和能力。

英语教师可以根据学生的兴趣和需求来选择适合的娱教资源，还可以将娱教资源和教学内容相结合，创建更多的学习机会和场景，使学生能够在实际的语境中学习和使用英语。例如，可以通过歌曲来教授语法和词汇，通过纪录片来教授文化知识，通过电影来教授听力和口语技能等。

随着技术的发展和教育理念的不断更新，娱教资源将在未来的教育领域中扮演更重要的角色。

第二节　英语课程资源整合

信息技术不仅能使学生接触到目的语的使用环境，促进学习者之间的合作和互动，还能提高语言学习效能。信息技术与英语课程融合促进了多学科的相互渗透，包括英语、计算机技术、文化、美术、音乐等学科。两者的融合对英语教学的发展起到了助力作用，影响着英语教育的方方面面。而在英语教育中，课程资源的开发与整合是重要的一环。

在英语课程资源整合过程中，不仅要考虑硬件设施和软件应用，还要考虑教师和学生的重要作用。

一、英语多媒体网络教学资源的整合与重组

多媒体网络教学资源的整合与重组是现代教育环境中不可或缺的一环，是实现资源优化与提高教育效果的关键手段，其中包含三个关键因素：设备的整合与重组、信息资源的整合与重组、人员和管理的整合与重组。

设备的整合与重组指的是将现有的技术设备整合到一个高效的系统中，确保每一项技术都能发挥其最大的效能。设备的整合可以为学生和教师提供一个稳定、快速、高效的学习和教学环境。如果设备整合不力，无论有多么优质的教学资源，都无法达到预期的教学效果。

信息资源的整合与重组是指将分散、零散的信息资源整合到一起，形成一个结构化、系统化、高质量的信息库。这样，学生和教师就可以更容易地获取和使用所需的信息。信息整合的目标是确保所有的教学资源都能得到充分利用，避免资源浪费。如若信息整合不佳，即便拥有大量的资源，也可能因为难以查找和利用而被浪费。

人员和管理的整合与重组涉及人员配置、培训、管理和协作等多个方

面。这一点至关重要，因为没有合适的人员和有效的管理，设备和信息资源都无法得到充分的利用。人员整合不到位可能导致资源的误用、浪费或低效率。

教学资源整合的核心目标是将分散、分化的资源系统中的各个元素及其组成部分形成有机联系的和谐整体。这不仅仅是简单的合并、排序和叠加，而是要确保资源的整合满足教学和学生的认知规律，与学科知识体系和文化结构相一致，形成科学的信息资源体系。

（一）设备与信息资源的整合与重组

真实情境的创设被视为“意义建构”的核心要素，它直接影响到教学设计的质量和效果。而多媒体技术正是创设真实情境的有效工具。多媒体技术能够整合不同的媒体资源，如文字、声音、图像和视频，使学习材料更加丰富和多元。这种整合既让学习内容更加生动有趣，也让学生可以从不同的角度和方式去理解和掌握知识。良好的多媒体网络设备整合重组，能使英语教学的多种媒体资源互为补充，成为跨越时空界限，扩大学习主体活动空间，提供自我验证、信息重组、交互传输功能，支持与扩充学生思维过程的强有力的认知工具。多媒体网络设备整合重组，远非简单的设备堆叠，而是一种综合多媒体网络系统的巧妙结合。它的核心在于满足教师和学生的需求，使他们能轻松地调用多媒体网络资源，从而实现高效的教学活动。对于教师而言，技术整合提供的设备应当简单易用，这可以帮助他们提高教学效率。当教师的信息技术水平提高时，他们会更精准地使用这些设备，从而提高设备的质量效应。多媒体网络设备的整合与重组应考虑硬件、软件两个要素的匹配与协调。

1.硬资源整合与重组

在当今的教育领域中，信息交流的重要性日益凸显。为实现高效、精准的信息传递而依赖的各种物理设备统称为“硬资源”。这些硬资源不仅包括传统的教育设备，如黑板、电影机等，还包括诸如计算机、投影仪、交互式白板等现代教育设备。这些设备的整合与优化使用，是实现资源共享、提高教育效益的关键。每所学校的实际情况各异，因此，在设备的选择、配置和使用过程中，都应该考虑到学校的实际需求，以及如何充分挖掘各种设备的潜能，使其达到最大的价值。

学校在考虑设备建设时，除要考虑设备的先进性、兼容性和经济性等因素外，还要注意设备的层次性和互补性。不同的设备在教学中有着不同的功能和角色，它们应该相互配合，形成一个完整、高效的教学体系。例如，投影仪可以用于展示图像和视频，而交互式白板则可以实现实时的笔迹输入和显示。这种设备间的协同作战，可以使教学过程更加丰富和生动。此外，虽然数字化资源在现代教育中占据了主导地位，但这并不意味着应该抛弃所有的非数字化资源。相反，非数字化资源在某些情境中可能更具有优势。例如，在英语教学中，传统的磁带录放音设备仍然有其独特的价值。在基于计算机和网络技术的新型语音室中，通过接入磁带录放音设备，不仅可以以较低的成本重新激活那些基于磁带的非数字化线性音频资源，还能为学习者提供更丰富的学习材料。

原有资源与新建资源的整合，旨在打破资源的孤立状态，为师生提供更加流畅、全面的服务体验。合理的资源整合有诸多好处，包括：解决不同资源系统之间不兼容的矛盾；解决系统信息之间的交换、互操作和共享；解决数据信息一致性和信息语义问题；解决语言信息海量性、动态性、分布性等与语言信息管理的集中性和便捷性的矛盾；缓解物理空间不足；增强师生互动、师资互补、资源联动；等等。但在整合资源时，设施设备建设思路需要改变传统的“独占经济”的思维，只有这样，才能充分发挥资源的价值，实现真正的资源共享和协同工作。

硬资源整合是推动现代教育发展的关键环节。为了实现科学的硬资源整合，需要遵循一系列明确的原则（见图 6-1）。

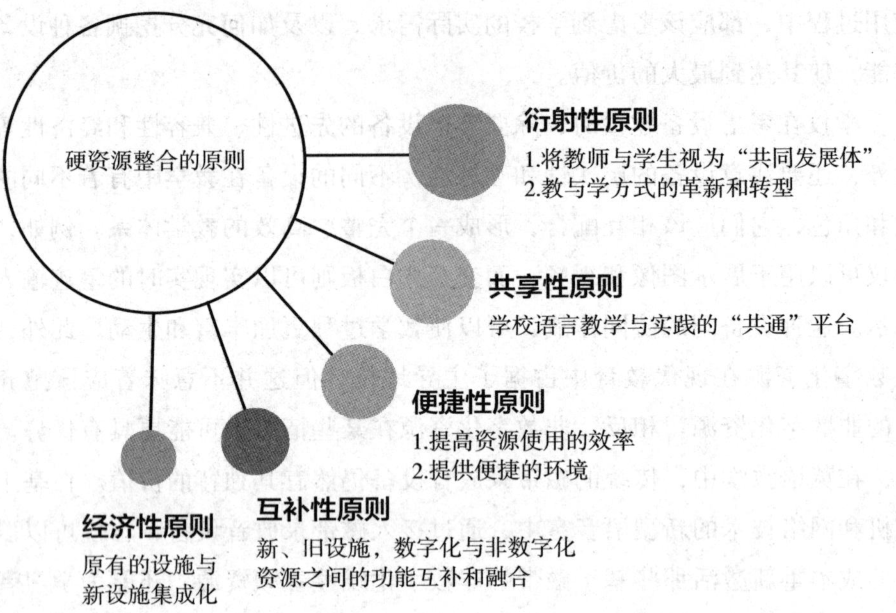

图 6-1　硬资源整合的原则

（1）经济性原则。长时间以来，许多学校在更新教育设备时，倾向于“建设新设施，抛弃老设备”的简单模式。这种做法不仅浪费了大量的资金，还导致了资源的重复和浪费。为了实现真正的经济效益，学校应转变这种思路，将原有的设施与新设施集成化。这不仅能最大化利用现有资源，还能延长设备的使用寿命，从而实现经济的双重收益。

（2）互补性原则。任何一个设施或资源都有其独特的功能和价值，只有实现新、旧设施，数字化与非数字化资源之间的功能互补和深度融合，才能发挥设施与资源的最大效能。例如，旧式的磁带录放音设备在某些教学环境中比新型的数字设备更有优势，整合这些旧式资源，能够更好地满足教与学的多样化需求。

（3）便捷性原则。硬资源整合的目标不只是提高资源使用的效率，更重要的是为教与学提供便捷的环境。有效的整合可以解除因“空间位移”与“时间阻滞”所造成的不便，例如，通过云计算和远程技术，教师和学生可以不限时间和地点地轻松访问和使用资源，从而大大提高了学习的自由度和灵活性。

（4）共享性原则。资源整合应打造师生共享的设施资源平台，使其成为学校教学与实践的“共通”平台。这样不仅可以促进师生之间的互动与合作，还能让更多的人受益于这些宝贵的资源。此外，这种共享平台也会成为学校建设智慧校园的一个重要组成部分，从而提高学校的整体形象和知名度。

（5）衍射性原则。这是一个将教师与学生视为“共同发展体”的原则。资源整合不仅仅是技术上的融合，更是教与学方式的革新和转型。遵循这一原则的整合，能促使师生关系发生质的变化，使学生从被动接受者变为主动探索者，使教师从单纯的知识传授者变为引导者和伙伴。这种变化和转型有助于培养出具有创新意识、高科技素养、高效能的师生。

2. 软资源整合与重组

软资源在教育领域中占据了非常关键的地位，特别是在英语教学中。它不同于那些物质性的、有形的教学工具，而是指那些依托于特定介质或载体而存在的抽象的信息资源。

在英语教学的软资源中，可以将其大致划分为数字化资源和非数字化资源两大类。数字化资源是经过数字化制作手段加工而成的。多媒体课件是一种常见的数字化资源，它利用声音、图像、动画等多种元素展示课程内容，提高学生的学习兴趣和效果。此外，音频可以为学生提供标准的发音与语调，视频则能够使学生观看与英语文化、生活息息相关的片段，更加生动地学习语言。当然，不能忽视网络信息资源，因为互联网上有丰富的英语学习材料和平台，使学习不再受时空限制。与数字化资源不同，非数字化资源较为传统，但同样具有不可替代的价值。各类纸质的教材、参考书和工具书，为学生提供了权威、系统的英语知识。教师手写的讲义资料则蕴含了教师的教学心得与经验，常常是针对性很强的学习资料。磁带、录像带、电影胶片等虽然在某种程度上已被数字化资源所取代，但在某些特定的教学场景中，仍然具有其独特的价值和优势。

在当前数字化时代，技术为教育带来了革命性的变化。然而，在追求数字化资源的过程中，也不应忽略非数字化资源的价值。这两者的整合是提高英语教学质量的关键。

课程资源的开发不只是将现有的教材直接转化为电子形式，而是对教材内容的再创作和再加工。这样的过程使教材内容更具交互性、更加生动有趣，也更符合现代学生的学习习惯。数字化资源的调用，如视频、音频或互动模块，能够为教学内容提供丰富的补充，满足不同学生的学习需求。在当前的多媒体网络学习环境中，网络资源的合理使用使学生不再受限于课本和教师的讲解，可以自由探索、获取和应用来自互联网的各种资料，从而实现真正意义上的自主学习。因此，良好的软、硬资源与信息资源的整合，能使英语教学的多种媒体资源互为补充，成为突破时空界限，扩大学习主体活动空间，提供自我验证、信息重组、交互传输的手段，支持与扩充学生思维过程强有力的认知工具。相关软件的整合和开发应始终围绕一个中心思想：如何更好地开发和使用英语教学资源。

为了更好地使用并发挥“软资源”的效能，英语教师应熟练掌握基本的网络应用技能，学会操作工作中常用的应用软件，如办公软件、图像编辑软件、视频剪辑制作软件、学校的教学信息系统软件等。

信息技术的引入为英语教学带来了前所未有的机遇。它不仅仅是教师演示和展示的工具，更重要的是，它为学生提供了一个全新的学习平台。通过信息技术，学生可以更加主动地获取信息、探索问题，并与他人协作讨论、解决问题，更好地构建自己的知识体系。

（二）人员和管理的整合与重组

合作学习可以为学习者提供一个共同的学习环境，鼓励他们互相协助、分享资源和知识，从而形成一种群体动力，进一步提高学习效果和达成团队的学习目标。在信息技术的推动下，原本相对简单的课堂内外的人际关系开始多元化，传统的单一的师生关系向多维度发展，出现了师师协作、生生协作、师管（理）协作和生管（理）协作等多样的互动形式。这些互动关系反映出现代教育中的一个趋势：在信息技术的影响下，教师、学生和管理者成为相互学习、相互促进的合作伙伴。

1. 师生合作

随着信息技术融入教育体系，教育界对教师的角色有了新的认识。传统观念上，教师被视为学习的管理者和评判者，而现在，教师的角色已经不再局限于此。人们认为，教师应该成为学生学习的辅助者、课堂活动的参与者、协商者和心理支持者，更重要的是，成为学生学习过程中的真正合作伙伴。

在过去，教学内容和方法多数由教师单方面确定，学生往往只是被动的接受者。随着教育理念的发展，越来越多的人认识到，教师应该引导学生更加积极地参与到整个学习过程中来——学生应该参与课程内容的设计，选择学习路径，设计语言学习活动，甚至在很大程度上对学习的成功与否负责。这样的学习模式更容易引发学生的兴趣和动力，因为他们是整个学习过程的主人。随着信息技术的广泛应用，知识更新的速度极快，传播渠道多样，而教师的知识结构和时间资源是有限的，因此，更加需要师生之间的合作。学生可以通过网络自主搜索、筛选和应用知识，而教师可以帮助学生正确地导向和整合这些知识，来确保学习的效果和质量。多媒体网络教育工具为师生之间的合作提供了便捷的渠道。这些工具不仅使课内与课外的界限变得模糊，还构建了一个不受时间、地点等条件约束的双向互动反馈机制。无论是教师向学生提供反馈，还是学生向教师提问，都可以在这些平台上迅速得到响应。这种方法能够丰富英语课程资源，甚至使其成为一种类似于维基百科的、开放的、人人可参与的、人人可受益的共享资源库。

2. 教师培训

现代教育环境不仅注重教师对教学内容的掌握，而且看重教师如何将先进的技术手段与教学相结合，创造出更具吸引力和效果的课堂。面对一个信息日益丰富的社会，教师如何高效、精准地搜集和筛选信息，进而转化为有价值的教学资源，已经成为教育的一个重要话题。教师培训应注重此内容，帮助教师掌握各种素材资源的搜集方法，以及如何为自己的课程选择合适的素材资源。而在获取资源后，单纯的呈现往往不能满足教学的需求，这就需要教师对文本、图像、动画、音频和视频等多种形式的资源进行加工处理。其中不仅仅是技术性的处理，更重要的是教师如何根据自己的教学目标，去筛选、修改和整合这些信息，使其成为符合自己教学需要的有效工具。此外，管理和维护这些资源同样重要。如何有效地分类、存储和备份，都是教师需要掌握的基础技能。多媒体教学需要教师具有热情，投入精力，充分发挥创造性和能动性，灵活地将计算机的使用、语言教学的理论、网络教学资源与自己所教课程结合起来。

教师要学会利用PowerPoint编辑和制作多媒体课件，还要学会在使用多媒体课件时应用其播放或演示的技巧。例如，在用PowerPoint编辑课件时，只用鼠标定位或移动某个对象时不太准确，按住“Shit”键的同时用鼠标水平或竖直移动希望移动的对象，可以基本接近于直线平移，按住“Ctrl”键的同时用方向键来移动对象，可以精确到像素点的级别。又如，为了保持课堂的集中和高效，教师还可以使用“B”键和“W”键来控制屏幕的黑屏和白屏，从而有效避免不必要的干扰和分心。

根据主要的设备配置，现代多媒体教室可以分为三大类：投影教室、交互教室和网络教室。投影教室以投影机为核心，可以呈现清晰、大屏的图像和视频，使课堂内容更为生动。交互教室则着重于交互式电子白板的使用，这种白板不仅可以像传统的白板一样写字，还能够进行屏幕操作，与计算机程序互动，从而使课堂变得更为动态和参与性。而网络教室的特点在于强调计算机网络的使用，它能够实现远程教育，打破时空的限制。无论是何种教室，在开展教师培训时，都要特别注意培训教师熟练操控中央控制器、计算机、投影机、电动幕布、视频展台、音箱、话筒、激光教鞭、调音台、遥控鼠标等设备，以帮助教师在日后上课时熟练地应用各种设备。

3. 学生培训

学生的计算机应用能力不仅会影响教学效果，还关系到他们未来的自我发展。对于学生而言，计算机不仅是一个用于完成作业或者进行娱乐的工具，还可以成为学习和自我发展的得力助手。例如，借助计算机应用能力，学生可以自行搜集教学资料，为自己设计独特的学习路线，进行在线实时交流，甚至开发和调试自己的小型教学课件。这样，学生在学习过程中就能够体验到创新、实践和合作的乐趣，这对于他们的综合能力培养和自我成长都是非常有益的。

教师应鼓励学生利用信息技术，引导他们进行探索和尝试，帮助他们深入了解和熟练掌握各种多媒体设备的操作规程。

4.管理人员的培训

在当今数字化、经济全球化的时代，教学已经从传统的教室教学转向了多媒体和网络教学的模式。这种变革给英语教学带来了革命性的影响。为了更好地利用这些先进的教学工具和技术，学校需要对技术管理人员进行专门的培训。

技术管理人员在英语教学中的作用不容小觑。他们不仅需要关注国内外的多媒体技术信息，确保学校能够及时引进和应用最新的技术，还需要熟练掌握多媒体及网络技术在教学中的应用方法。此外，技术管理人员还需要与教师紧密合作，采集、录制和保存教学音像资料，协助教师制作高质量的课件，刻录光盘资料，甚至还要帮助师生进行资源制作、管理、检索和共享。可以说，他们已经成为英语教学过程中不可或缺的一员。

二、多媒体课件开发整合中存在的问题与应对对策

（一）多媒体课件开发整合中存在的问题

当前多媒体课件开发整合中存在的主要问题如下。

1.教学课件的开发缺乏分工合作

教学课件的开发并不是简单的复制、粘贴和转换工作。为了做出既生动又有教育意义的课件，需要综合多种学科知识、技术和艺术手法。然而，目前课件开发多数情况下是由教师或制作人员独立完成的。这导致了课件的内容和形式不够丰富，很难体现出学科的鲜明特色。而多媒体课件不应仅仅是传统教学资料的简单复制，它应该是一个可以互动、有深度、能够吸引学生注意力的工具。如果将多媒体设备仅仅当作一个电子“黑板”，那它的价值就大大降低了。

2.部分课件重形式轻内容

信息技术为人们提供了丰富的多媒体制作工具，使课件的外观更加美观。但是，外观并不是课件的核心。一个好的课件不应只注重形式，而忽视了内容。虽然华美的课件形式容易吸引学生的注意力，但如果内容复杂、无序，那么学生将很难从中吸取知识。学生在面对内容庞杂、结构不清晰的课

件时，很容易产生学习疲劳，兴趣也会随之降低。而教师则陷入了一个机械的角色，成为一个简单的“放映员”，失去了教学的主导权和创造性。

3.课件设计缺乏针对性

原始多媒体教学素材积累不足，是信息技术与学科教学融合中不容忽视的问题。课件的呈现方式对学生的学习效果起到关键作用，因为它可以影响学生的学习兴趣。然而，如今的多媒体课件内容中，文本资料仍占据了绝大部分的比重。与此同时，课件中仅插入为数不多的静态图片或表格，而音频和视频资料匮乏，无疑会削减教学的趣味性和生动性。

（二）应对对策

为解决上述问题，学校或教师可采取以下应对对策。

1.资源共享

与其每位教师单打独斗地开发课件，不如集思广益、资源整合。学校可以考虑将内容相近或一致的资源汇集在一起，形成一个学科或课程组的共享库。这有利于发挥每一位教师的专业能力，实现软件资源共享和互补。同时，这可以避免课程内容条块分割，减少不必要的重复购置和重复开发现象，既节省成本又提高效率。

2.精心设计

课件的设计绝不仅仅是文字、图像、声音等的简单组合。为了让学生能够从中获得更好的学习体验，教师应当从整体到细节都进行精心设计。课件的设计需要确保文字、声音、图像、动画等的呈现比例得当。比如，复杂的概念或理论可以通过动画进行解释，而重要的信息点则可以用声音进行强调。此外，教师要考虑到如字体、字号和色彩等视觉因素以及播放环境对学习体验的影响。同时，为了增加课堂教学的信息量，教师可以在课件中加入多种形式的交互式训练，如问题与答案、点击与反馈等，使学生不仅仅是被动接收，还能够主动参与和探索。总之，教师应精心策划每一个教学环节和课件内容，实现师生间的多向交流和信息反馈。

3.分工合作

设计多媒体课件不仅需要专业技术的支持，还需要根据教学目的进行精心设计。因此，建立完善的分工合作机制变得至关重要。分工能确保每个任务都有专门的人员来负责，这样可以使其更加专注并保证质量。

4. 合理加工

合理加工意味着要对教材内容进行整合、活化。静态的文字应转化为生动活泼的交际内容，如通过动画、音效或互动元素来使内容更具生活性、趣味性和交际性。例如，一段关于日常生活的文字，可以通过动画或真实的视频片段来展示，让学生更直观地感受和理解。

5. 合理调整

在多媒体课件的设计中，教师应该根据学生的认知特点、心理特点以及教学的实际情况进行内容顺序的调整。例如，对于初学者，可能需要先介绍一些基础和背景知识，而对于已经有一定基础的学生，则可以直接进入有难度的内容。同时，将教材内容与现实生活联系起来，可以有效地激活学生的思维，提高他们的学习兴趣，从而提高学习效果。

第三节　英语课程资源库的建设

校本资源库是学校内部构建的特殊的教育支持系统，它在许多方面与互联网资源存在显著差异。互联网资源涵盖了广泛的信息和内容，但它们并不总是完全适应特定学校的教育教学需求。这也是为什么校本资源库如此重要的原因，因为它是为满足学校师生的特定需求而设计的。建设适合学校教学实际的校本资源库是校园网建设的一个重要内容。校本资源库是指由学校组织和规划，学校师生共同建设和维护，以满足学校师生工作学习中对教育资源的需求为目的，通过整合、转化一切可以得到的教育资源而建设的适用于该校教育教学活动的教学支持系统，是一个师生个体人人知晓、人人会用、人人会建的本土化教育教学资源库。本节将针对英语课程资源库的建设进行阐述。

一、英语课程资源库的基本资源类型

资源库，顾名思义，就是集纳、整理和提供各种数据资源供人们查阅和使用的“仓库”。资源库的构建和管理是一个系统的工程，需要综合利用多元化的工具和方法来将特定范畴的数据和资源进行归纳、整理，并以一定的格式存放，以便需求者更好地查阅和使用。

资源库一般包含各种形式的内容，如表格数据、文本数据、文档、图片、资源链接和目录等。从某种角度来看，资源库就像一个数字化的“衣橱”。在这个“衣橱”中，根据资源的功能和用户的不同需求，将各种资源分门别类地存放在不同的“子库”（或称文件夹）中。这样的配置可以让需求者更方便、快捷地找到所需要的资料。

在使用资源库时，可以借助数据库管理工具来实现对数据资源的管理、查询、调用和有序存储等功能。这样可以提高资源的可检索性和可用性，同时可以确保资源的安全和完整性。或者不使用数据库，而是直接将文件、图片、文档和表格存放到某种存储介质中，然后创建一个资源目录来帮助需求者检索、加工和使用这些资源。

对英语课程资源库来说，其基本资源类型如下。

（一）自主开发的资源

自主开发的资源如教学大纲、电子教案、课件库、写作范文库、试卷库和获奖教学案例等，都是基于教师对本土文化和教学环境的深入理解而编写和整理的。这些资源具有高度的针对性和实用性，可以直接满足本校教师的教学需求，帮助学生更好地理解和掌握知识。而通过网络下载的免费资源如词库、语法知识库、多媒体素材库等，可以为教学提供更为丰富的参考材料，使教学内容更加生动有趣。

（二）内容资源

内容资源为英语教学提供全方位的支持。从语音库、听力资源库到写作资源库、翻译资源库，再到趣味英语库、图片库等，这些资源为不同层次、不同技能的英语学习提供了丰富的素材。例如，对于英语写作的学习，教师可以利用写作资源库中的范文进行教学，帮助学生提高写作技能；对于英语口语的练习，口语资源库提供了各种实际对话场景，使学生能够在模拟真实环境中进行训练。

（三）功能资源

功能资源注重从实用性的角度为英语学习提供支持。教师可以根据功能将课程材料中的词汇、阅读、听力和写作等内容收录到资源库中，供学生查询、训练。这种基于教学需要而建立的小规模语料库，其信息立体性强，不仅能够提供多样化的学习材料，还能激发学生的学习兴趣。例如，教师可以根据学生的爱好，添加关于英语演讲辩论、时尚、娱乐、体育等方面的内容，使英语学习与学生的生活实际更加贴近。

二、英语课程资源库的基本内容

在英语教学中，资源库起到了至关重要的作用。一个完善、合理且具有针对性的资源库不仅可以辅助教师进行更为高效的教学，而且可以为学生提供丰富的学习材料和参考资料，促进他们的学习深度和广度。英语课程资源库的基本内容如图 6–2 所示。

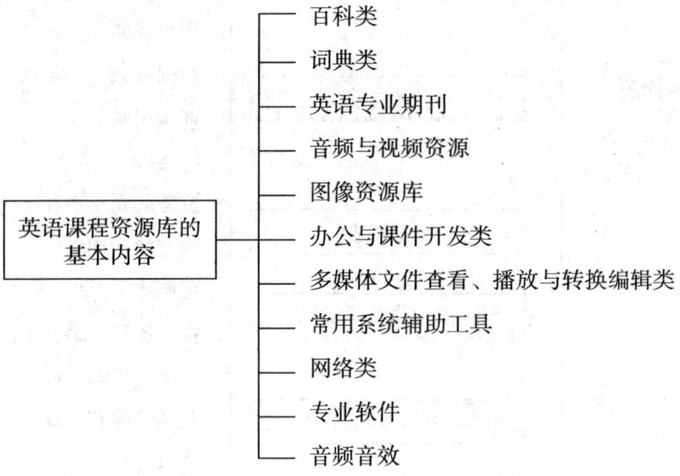

图 6–2　英语课程资源库的基本内容

如图 6–2 所示，英语课程资源库的基本内容包括百科类、词典类、英语专业期刊、音频与视频资源等。在网络信息时代，英语教育技术成为英语教学的有机组成部分，预示着一场“静悄悄的革命”正悄然兴起。这场革命不仅仅是技术的革新，更是对教育哲学和方法的深度反思与重塑。教学内容、教学方式、教学手段都对英语教师提出了全新的挑战。英语教师只有充分、全面认识英语教育技术，掌握与使用英语教育技术，构建新的课程模式，实现教学内容的数字化、知识形态的多样性、知识内容的多媒体展示、知识内容的超链建构、知识与信息的传播共享、教学内容的管理以及网络教学资源的建设和更新，才能真正实现提高教学质量的目标。

三、英语课程资源库的建设策略

目前，一些学校的英语课程资源库建设面临过于简单化和信息单薄的问题。有些资源只简单地从书本转移至电子化，也有的资源内容宽泛、缺乏精细化设计。这样的资源不能很好地激发学生的学习兴趣。为了更好地建设英语课程资源库，教育者可以采取以下一些策略（见图 6–3）。

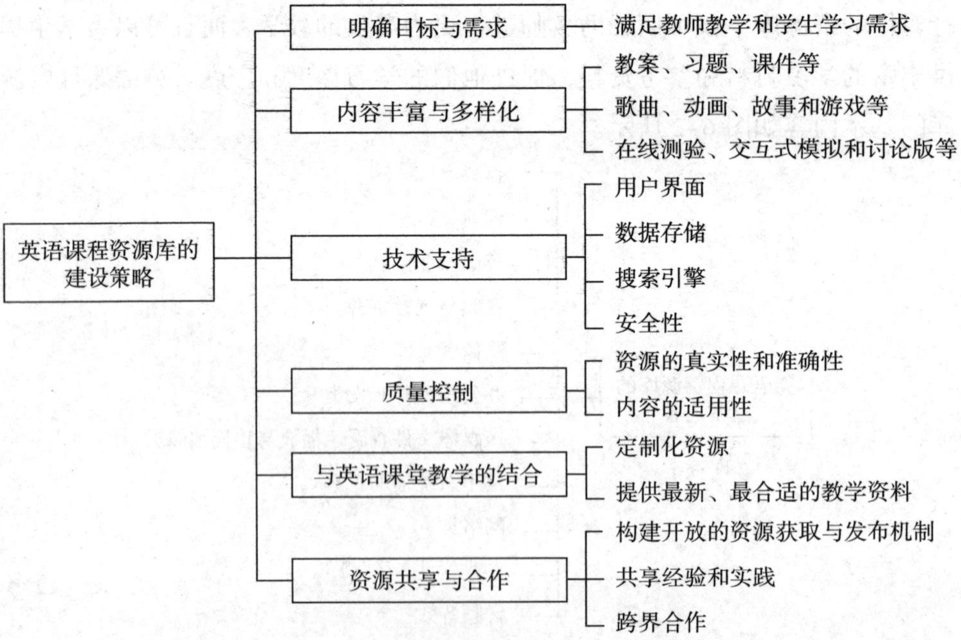

图 6–3　英语课程资源库的建设策略

（一）明确目标与需求

明确目标和需求是英语课程资源库建设的重要前提。资源库并非单纯地收集信息和资料，而是要确保所提供的资源真正满足教师教学和学生学习的需求。此外，明确的目标和需求能为后续的内容选择、技术支持和资源库维护提供明确的方向。

资源库应该为教师和学生提供所需的英语学习资料和工具。对于教师，资源库可以帮助他们更有效地进行教学设计和教学实践。例如，教师可以在资源库中找到与教材相配套的课件、教学视频或其他补充材料，从而更有针对性地进行教学。对于学生，资源库则可以为他们提供更多的学习资源和练习材料，帮助他们更好地掌握英语知识和技能。

资源库的建设目的不仅仅是提供资料。更重要的是，它应该促进学生的自主学习。随着教育模式的转变，学生的自主学习能力逐渐被认为是教育的关键。一个优质的资源库应该能够引导学生独立地寻找、使用和评价学习资源，从而形成有效的学习策略。

在明确了资源库的建设目的之后，调查教师和学生的需求是必不可少的一步。每个学校、每位教师、每名学生的需求都可能有所不同。因此，资源库建设者需要深入了解这些需求，并尽量满足它们。资源库建设者可以通过问卷调查、访谈、座谈会等方式收集教师和学生对资源库的期望和建议。例如，一些教师可能更关心如何提高学生的听说能力，因此他们可能需要更多的听力和口语练习材料。一些学生可能希望找到更多与文化背景相关的资料，以便更深入地了解英语国家的文化和习俗。

对目标和需求的深入了解，可以确保资源库的内容和形式真正满足用户的实际需求。同时，这也为后续的资源筛选、整合和评价提供了明确的标准。只有当资源库的内容真正与用户的需求相匹配，它才能够发挥出最大的效用，为英语教育带来实际的帮助。

（二）内容丰富与多样化

一个优质的英语课程资源库，其内容需要具备丰富性和多样性。随着现代教育技术的发展，单一的纸质教材已经不能满足当下的教学需求，多媒体资源、互动内容和各种增值资料受到教师和学生的欢迎。

基本资料是每个资源库的核心。这包括与课本相对应的教案、习题、课件等。教案为教师提供了一个明确的教学指导，帮助他们更好地组织课堂活动和指导学生学习。歌曲、动画、故事和游戏等资料可以激发学生的学习兴趣，使他们在轻松、愉快的氛围中学习英语。这些资料通常更接近学生的生活实际，更能引起他们的共鸣。例如，一首英文歌曲不仅可以帮助学生学习新的词汇和句型，还可以培养他们的音乐和节奏感。一个有趣的英语故事则可以帮助学生更直观地理解某个文化现象或历史事件。在数字时代，学生越来越习惯于互动式的学习方式。在线测验、交互式模拟和讨论版等互动工具，不仅可以帮助学生检验自己的学习成果，还可以鼓励他们主动参与学习，与其他学生进行交流和合作。例如，一个在线测验可以根据学生的答题情况给出即时反馈，帮助他们及时了解自己的不足。一个交互式模拟则可以帮助学生模拟真实的语言环境，提高他们的应用能力。

（三）技术支持

对英语课程资源库而言，技术支持是其重要的构成部分。正是由于先进的技术支持，资源库能够更加方便、高效地服务于教师和学生。此外，技术的选用和实施也会影响到资源库的长期可维护性、扩展性和安全性。选择合适的技术平台对于资源库的成功至关重要。这主要涉及以下方面的考量。

1.用户界面

一个直观、友好的用户界面，可以帮助教师和学生更容易地访问和使用资源库。界面设计应该简洁明了，避免不必要的复杂性，同时保持美观和实用性。

2.数据存储

数据的存储和管理是资源库的基石。选择高效、稳定的数据库系统，可以确保资源库的数据安全和完整。此外，考虑数据备份和恢复策略也是至关重要的，以防止意外情况。

3. 搜索引擎

资源库中一般包含大量的教学资料，如何迅速找到所需的资源是一个挑战。强大的搜索引擎可以帮助用户快速、精确地查找信息，提高资源库的使用效率。

4. 安全性

考虑到资源库中可能包含敏感或专有的教学资料，其安全性不容忽视。技术团队需要实施一系列的安全措施，如防火墙、加密技术和权限管理，确保资源库的数据不被未经授权的用户访问或篡改。

（四）质量控制

资源的质量决定了资源库的价值、可信度和影响力。因此，对于每一份添加到库中的资源，无论其形式如何，质量都是核心的考量标准。

1. 资源的真实性和准确性

英语作为一门学科，其知识体系有着明确的结构和规范。资源库中的资料必须基于权威、公认的学术和教育来源，确保所传递的信息无误。这涉及对资料的原始来源进行验证，避免采纳非正式、主观或误导性的内容。例如，一份词汇表的准确性、语法教学材料的规范性都是需要严格把关的。

2. 内容的适用性

由于资源库的主要用户是本校学生和英语教师，因此所有的内容都应当与本阶段的英语教学的目标、方法和实际情境相匹配。资源不仅需要在学术上是正确的，还要在教育实践中是有用的。例如，一份复杂的语言学研究报告，虽然学术价值很高，但可能不适合直接用于小学教学。

（五）与英语课堂教学的结合

一个成功的资源库并不仅是一个信息存储和检索的工具，更应该与课堂教学紧密结合，真正为教师和学生带来实际的教学效益。理解课堂需求是确保资源库与课堂教学结合的前提。不同的课堂、教师和学生可能有不同的教学需求和挑战。例如，对于语言基础较差的学生来说，他们可能需要更多的基础语法和词汇训练资料；而对于高阶段的学生来说，他们可能需要更多的实际应用和文化背景知识。资源库应该能够灵活地满足这些不同的需求，提供定制化的教学资源和工具。

教学方法和内容可能会随着时间、政策、技术等因素发生变化。资源库应该能够迅速地反映这些变化，提供最新、最合适的教学资料。此外，资源库建设者可以通过收集教师和学生的使用反馈，来进一步完善资源库的内容和服务。

（六）资源共享与合作

在教育领域，资源共享与合作无疑是提高效率和效果的重要途径。英语课程资源库作为一个集结各类教育资源的平台，如果能够实现广泛的资源共享和跨界合作，无疑将极大地增强其功能和价值。教育资源，尤其是高质量的资源，往往需要大量的时间、人力和资金来制作和完善。每个学校或教师都独立开发资源，势必造成资源的重复和浪费。而通过资源共享，可以实现资源的最大化利用，避免不必要的重复劳动，更加高效地服务于广大教师与学生。

构建开放的资源获取与发布机制是资源共享的基础。资源库应该为用户提供方便、高效的资源下载和分享功能，让资源的传播和应用成为一种自然而然的行为。除了资源本身，共享经验和实践也是资源库的重要职能。教师在使用资源进行教学时，往往会积累大量的经验和心得。这些宝贵的经验和心得，如果能够被系统地记录、整理并分享，将为其他教师提供宝贵的参考。资源库可以设置专门的交流和讨论区域来为此提供空间。

跨界合作可以进一步拓展资源库的功能和影响力。教育并不是一个孤立的领域，它与科技、艺术、文化等多个领域都有紧密的联系。英语课程资源库可以与这些领域的机构和专家进行合作，引入更加多元、创新的教育资源。

参考文献

［1］陈冬花，冯建瑞．小学英语课程与教学 [M]. 重庆：西南师范大学出版社，2021.

［2］崔照笛，孙早迪，张丽娜．小学英语教学基础 [M]. 长春：吉林大学出版社，2020.

［3］王嵘．小学英语教学理论构建与应用设计 [M]. 北京：中国书籍出版社，2020.

［4］王芳，于亦涛，黄小洁．“爱种子”模式下小学英语教学范式的构建与实践 [M]. 广州：中山大学出版社，2021.

［5］郭雅静．中小学英语教学设计研究 [M]. 延吉：延边大学出版社，2019.

［6］肖玲，郑苏英，石丹丹．英语教学研究与实践 [M]. 延吉：延边大学出版社，2022.

［7］赵书友．初中英语教学方略与质量评估 [M]. 长春：吉林人民出版社，2021.

［8］于文．初中英语教学模式实践研究 [M]. 北京：北京工业大学出版社，2019.

［9］高峰．初中英语教学策略 [M]. 北京：中国书籍出版社，2016.

［10］夏谷鸣．初中英语教学评价 [M]. 长春：东北师范大学出版社，2005.

［11］黄少华．新时代高中英语教学的研究与探索 [M]. 长春：吉林人民出版社，2020.

［12］卢健，杨华娟．高中英语教学设计与评析 [M]. 厦门：厦门大学出版社，

2015.
[13] 余海进，周兴斌，孙芳来. 核心素养理念下的高中英语教学策略研究 [M]. 长春：吉林人民出版社，2020.
[14] 张学顺. 高中英语新课程教学策略探索 [M]. 广州：世界图书出版广东有限公司，2019.
[15] 刘赞. 中职英语课堂教学模式研究 [M]. 天津：天津科学技术出版社，2019.
[16] 赵盛. 高职英语教学方法与改革研究 [M]. 长春：吉林人民出版社，2020.
[17] 王九程. 信息化时代高职英语教学研究 [M]. 长春：吉林人民出版社，2020.
[18] 孙婕. 高校英语教学理论及实务研究 [M]. 长春：吉林人民出版社，2022.
[19] 韩艳. 新时期高校英语教学及发展研究 [M]. 长春：吉林出版集团股份有限公司，2022.
[20] 李小莉. 高校英语教学理论与实践 [M]. 延吉：延边大学出版社，2021.
[21] 潘盛莉. 互联网背景下高校英语翻译教学改革策略探讨 [J]. 英语广场，2023（29）：98–101.
[22] 王丹丹. 基于核心素养培养的中职英语阅读教学策略研究 [J]. 海外英语，2023（18）：220–222.
[23] 林映. 基于深度教学的初中英语语篇填词教学策略探究 [J]. 科教导刊，2023（27）：127–129.
[24] 林芳. 基于主题意义的初中英语阅读教学策略 [J]. 华夏教师，2023（23）：81–83.
[25] 许华蓉. 信息化时代高校英语个性化教学策略研究 [J]. 吉林广播电视大学学报，2023（4）：46–48.
[26] 张音. 信息化背景下的中职英语教学策略 [J]. 亚太教育，2023（12）：98–100.
[27] 孟舒舒，臧晨光，张翠英，等. 多媒体技术在课程教学资源设计中应用 [J]. 电子技术，2023，52（7）：284–285.
[28] 韩丽鹏. 小学英语教学中学生资源开发与利用的路径 [J]. 西部素质教育，2022，8（19）：123–126.
[29] 牛晨子，蒙家宏. 基于具身认知的小学英语教学设计研究 [J]. 教育观察，2022，11（26）：52–54，76.

[30] 纪斌.整合资源优化小学英语课堂教学的实践研究[J].现代教育,2020(7):61-62.
[31] 孙泰.基于情景教学法的小学英语课堂分析[J].华夏教师,2020(8):61-62.
[32] 邢玉霜,陈雪.小学英语课堂游戏教学现状及对策分析[J].造纸装备及材料,2020,49(1):191-192.
[33] 郑秀娟.小学英语教学的情景教学模式设计[J].才智,2020(5):188.
[34] 李瑶瑶,王雪宁.课程改革背景下小学英语教学生活化研究[J].海外英语,2019(21):16-17,19.
[35] 李晓娜.英语音乐在小学英语课堂教学中的应用[J].北方音乐,2019,39(20):160,163.
[36] 吴瑕.音乐游戏在小学音乐教学中的实施策略[J].北方音乐,2019,39(18):223,227.
[37] 郑雨.小学英语课程资源开发相关问题研究[J].教学与管理,2019(15):84-86.
[38] 黄燕.游戏在小学英语教学课堂实践中的作用探究[J].英语广场,2019(3):152-153.
[39] 胡秀芬."互联网+"理念下的小学英语教学方式探究[J].华夏教师,2019(8):29-30.
[40] 张娟.小学英语教学实践中应用数字资源的效益分析[J].教育教学论坛,2018(31):217-218.
[41] 鲁双.小学英语课堂游戏活动设计研究[J].佳木斯职业学院学报,2018(4):213-214.
[42] 张磊.论戏剧教学在小学英语课堂教学中的应用[J].戏剧之家,2017(12):241.
[43] 张姝.论小学英语课堂中游戏教学的应用意义及原则策略[J].安徽文学(下半月),2016(12):131-132,147.
[44] 何洁.网络环境下小学英语教学策略探索[J].科学大众(科学教育),2016(11):70.
[45] 沈莹.关于合理配置与利用小学英语教学资源的思考[J].黑龙江教育(理论与实践),2016(10):87-88.

[46] 牛会娟．小学英语课堂中多媒体的合理运用 [J]. 现代交际，2016（19）：191.
[47] 马兰芳．浅谈情境教学在小学英语课堂中的创设 [J]. 科学大众（科学教育），2016（9）：39.
[48] 张月英．小学英语课程资源开发的内容 [J]. 教学与管理，2014（5）：49–50.
[49] 王利美．网络环境下小学英语教学策略的分析 [J]. 科学大众（科学教育），2013（6）：69.
[50] 戴水姣，徐丽．小学英语课程资源的开发与利用 [J]. 湖南第一师范学院学报，2013，13（2）：10–14.
[51] 谢渭莉．小学英语教学中新知识呈现的几种方法 [J]. 科技资讯，2013（11）：181.
[52] 姜宁．基于网络环境分析小学英语教学的策略 [J]. 英语广场（学术研究），2012（10）：119–120.
[53] 徐君．小学英语教师听、评课艺术的几点思考 [J]. 英语广场（学术研究），2012（5）：128–129.
[54] 刘海艳．高职英语教学中新媒体技术的应用研究 [J]. 新闻研究导刊，2023，14（22）：181–183.
[55] 郑红霞．核心素养视域下大学英语阅读教学实践探究 [J]. 阴山学刊，2023，36（5）：107–112.
[56] 吴莉．多元文化交融背景下高校英语教学策略研究 [J]. 山东商业职业技术学院学报，2023，23（5）：63–66.
[57] 邱新欢．学科核心素养视角下小学英语教学资源的使用现状研究 [D]. 聊城：聊城大学，2022.
[58] 彭柳．游戏教学法在小学英语课堂的应用研究 [D]. 哈尔滨：哈尔滨师范大学，2022.
[59] 王莹．多元智能理论下的游戏教学法在小学英语词汇教学中的应用研究 [D]. 沈阳：沈阳师范大学，2022.
[60] 母春燕．游戏教学法在小学英语词汇教学中的应用研究 [D]. 淮北：淮北师范大学，2021.

［61］ 陈瑜 . 小学英语教学设计的资源意识及其实现研究 [D]. 长沙：湖南师范大学，2021.
［62］ 陈竹怡 . 小学英语词汇游戏化教学的行动研究 [D]. 兰州：西北师范大学，2021.
［63］ 张利利 . 初中英语网络课程教学资源开发利用的研究 [D]. 保定：河北大学，2020.
［64］ 吴钰倩 . 高中英语教学资源调查分析 [D]. 济南：山东师范大学，2015.
［65］ 徐越 . 高中英语课堂中教学资源利用的现状和改善策略研究 [D]. 大连：辽宁师范大学，2015.
［66］ 苏鹏宇 . 初中英语数字化教学资源有效应用的个案研究 [D]. 长春：东北师范大学，2007.
［67］ 苏贻利 . 高中英语网络教育资源建设 [D]. 长春：东北师范大学，2006.